ちくま新書

山口組の平成史

山之内幸夫
Yamanouchi Yukio

1472

山口組の平成史【目次】

序章

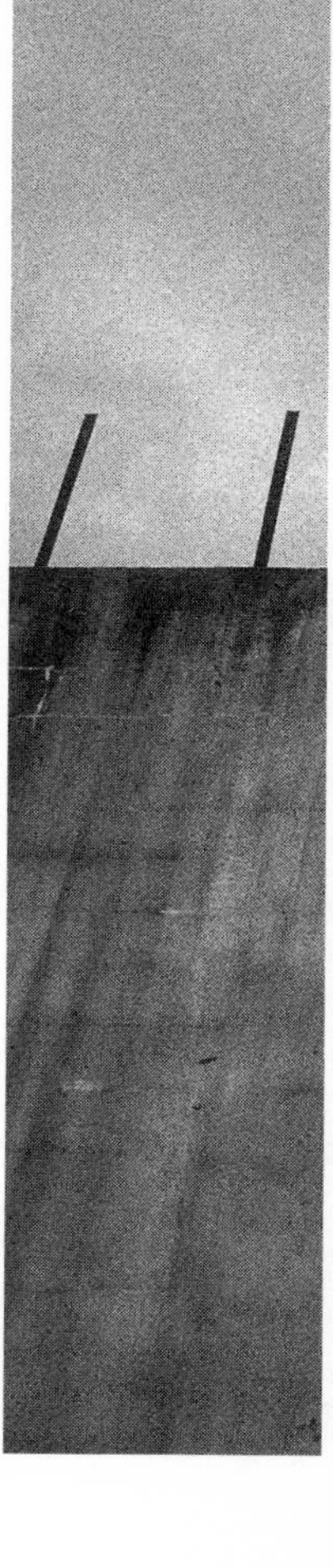

平成の山口組を総括する時、その始めと終わりの落差に驚かざるをえない。改めてヤクザは時代の環境に大きく影響を受けるものだと思い知らされた。特に平成という元号は始まりがヤクザの天国、終わりは地獄である。渡辺芳則組長を代紋頭とする五代目山口組が誕生したのは平成元年である。ヤクザ史上最大の抗争であった「山一抗争」の完全勝利とバブル経済が史上空前のヤクザの爛熟期をもたらし、山口組百有余年の歴史上最も豊かな時代だった。

「プラチナ」あるいは直参《じきさん》と呼ばれる二次団体組長（トップの親分と直接盃を交わした舎弟・子分のこと。山口組本家組員である直参のもとにそれぞれ舎弟、子分の盃を交わした組員がいる。山口組では組長の下、直参のうちの長男にあたる若頭を頂点にピラミッド型の擬似血縁組織が形成されている。プラチナの呼称は、彼らが胸に着用する代紋がプラチナ製であることから）、その多くが地上げや不動産取引にからんで大金を手にし、圧倒的な金の力で親分衆の間に拝金主義が蔓延した。

経済ヤクザという言葉が使われたのもこの頃で、山口組では宅見勝、後藤忠政らの有名親分がその代表格と言われた。それぞれに有能なフロント企業を抱えており、その存在なしには大金を稼ぐことは考えられない時代だった。渡辺五代目も東京の親戚団体に挨拶に行った折など銀座に繰り出すと一晩に二〇〇〇万円を使ったそうで、高級クラブをはしごしながら散水車のように現金をまき散らした。ヤクザ業界至福の時代で、平成を終えた今から振り返れば「帰らざる日々」と言えるだろう。

だがバブルに酔いしれた反動も強烈だった。金満ヤクザの跳梁《ちょうりょう》跋扈《ばっこ》に国家権力が鉄槌を下すべく、平成三年に新種の法律である「暴力団対策法」（以下暴対法という）を制定して、国民の中に「暴力団」という法的新種を作った。新法制定は国民の間に、「暴力団を社会から排除すべし」とする機運を醸成し、新人種は通称「反社会的勢力」と呼ばれるにいたる。「反社」は、善良な市民が付き合ってはならないもの、とのコンプライアンス（法令遵守）の風潮が急速に広まっている。

日本経済が「失われた二〇年」と言われる下降期に入ると、加えてヤクザは暴対法、暴力団排除条例により、合法的シノギ（生計を立てる手段）のことごとくを奪われていった。気付いてみれば、もはやヤクザは、権力からも政治家からも企業からも一般市民からも用のない存在になっていた。

そして法的新人種の「暴力団」枠の人々を暴力団排除の嵐が容赦なく襲った。平成の終わり頃にはヤクザのままでは社会生活を営むのがむつかしくなっている。マンションは借りられない、銀行口座は持てない、不動産売買はできない、車は買えない、ゴルフ場に行けない、ホテルに泊まれない、葬儀場は借りられない、印刷業者は注文を受けてくれない、携帯電話も買えない、宅配業者は荷物を受けない、子供は学校でいじめられる等々、差別扱いは枚挙にいとまがない。

六〇歳の老組員が郵便局で一日アルバイトをしたら、「暴力団組員である身分を隠して働いた」のが詐欺罪にあたるとして逮捕された。家族のために四〇年以上も加入していた生命保険の契約見直しに担当者の勧めるままに応じたら、これも「暴力団組員であることをみずから申告しなかった」として同様に逮捕された一件もある。ヤクザであっても生命保険の掛け金や年金を支払っている人間はいるが、今後、虎の子の国民年金の支払いが正当になされるか懸念もある。

行政から差別的な扱いを受けることがあってもそれは「合理的な差別」とみなされることになっており、もはやヤクザに人権はないと言わざるをえない。警察当局が主導した「ヤクザ対社会」の構図のなかで一般市民を暴力団排除の最前線に立たせた結果である。

ところで私は、山口組の田岡三代目時代には本部長をしていた小田秀臣さんの顧問弁護士をしていた。四代目時代からは山口組本家の顧問弁護士を務め、五代目、六代目の時代も間近に接し、弁護士という職業上稀有なポジションから長年山口組を見てきた。そして最後は顧問先に殉教するが如く暴排の荒波を受け、弁護士の資格も失っており、人一倍山口組には思い入れがある。

令和の新時代を迎えたのを機に、平成の山口組史を通してヤクザと社会をめぐる変遷を描きたい。加えて日本のヤクザが世界の組織犯罪集団とはちがうどんな特質を持つのか、ひいてはヤクザそのもののなんたるかも、この機会にまとめてみたい。本書はそんな思いで綴ったものである。あくまで私の意見や考えであり、豊富な経験に裏づけられた視点とは言えるだろうが、正しいかどうかは読者の判断に委ねるほかない。

最初に日本ヤクザの特殊性を指摘しておきたい。日本ではヤクザ組織が公然と存在しており、構成員が警察に把握されているが、これは他国の組織犯罪集団では例を見ない。メンバーが判っている以上、国家権力がヤクザを追い詰めようと思えば実は簡単である。

例えば九州の工藤會などは九州一の勢力を誇り、警察との対決姿勢も強硬だったが、民間への度重なるテロが疑われて、市民や警察を完全に敵に回した格好になっている。その結果当局による徹底的な壊滅作戦が展開され、上層部以下工藤會組員は片っ端から検挙された。当局が絶大な成果を上げたことになるが、もし工藤會が地下組織だったらこうはいかない。

また古くは昭和三九年から始まった第一次頂上作戦でも、警察は相手組織を把握していたため日本中ほとんどの暴力団を解散に追い込んだ。スネに傷ある身なのに公然としているのだから、つぶそうと思えばできるということだ。ただし法の運用は微罪や古い事件を利用するほか、証拠が乏しくても強引に事件にしてしまうなど、極めて不公平なものになる。裁判所はそういう不公平さには目をつむって有罪のお墨付きを与え、暴力団退治に協力する。

世界中にある組織犯罪集団をみても、公然と町に看板を掲げているのは日本のヤクザだけだ。日本独特の奇妙な現象というしかなく、一体この公然たる暴力団というのはヤクザ側と警察側のどちらにメリットがあるのだろう。

六代目山口組の司組長は刑務所を出所した平成二三年に一度だけ「産経新聞」のインタビューに答えているが、その時「我々は常に進化する」「地下に潜る道も知っている」と話した。でもこの言葉は警察を牽制しているだけで、本音は地下になど、けっして潜りたくはないはずだ。対する警察権力も暴力団壊滅のスローガンを掲げるが、本当に壊滅させたければ結社罪を作れば取り敢えず日本中の暴力団をすべて解散に追い込むことは可能なのに、その手段はとらない。ヤクザも警察も、地下に潜りたくない、潜らせたくないという点で思惑は一致している。

日本にはヤクザをめぐる社会的土壌があって、実話雑誌という独自のジャーナリズムもある。そこではヤクザの親分はまるで著名人扱いで堂々とグラビアを飾ることもある。そんな名誉に憧れ、向上心を満足させる身分としてヤクザという世界がある。これも他に例を見ない特徴だ。つまりヤクザの公然性は警察からすれば料理し易い相手という利点があり、ヤクザ側からすればば親分になればある種の名誉のある立場になれるという利点がある。

世界の組織犯罪集団と比べると日本のヤクザはとても凶暴とは言えない。メキシコでは麻薬にからんで二〇〇六年からの五年間で四万七五〇〇人が殺された。ヤクザは世界的に知名度が高いが、ほぼ警察の手中にあり、稼ぎも組員全体をみると決して儲けているわけではない。二〇一四年アメリカの経済誌「フォーチュン」が山口組の年間所得を六六億ドル（約七一五〇億円）と推計して、ロシアンマフィアに継ぐ世界第二位の収益を挙げていると報道した。それはバブル時代の幻想と言うほかなく、昨今のヤクザの貧しさからは見当違いの数字だ。NHKが当てつけのように「〝貧困暴力団〟が新たな脅威に」というドキュメンタリー番組を作って、万引きや生活保護受給詐欺に走る貧乏ヤクザにスポットを当てた。そんな時代になってしまった。

ヤクザの実態は警察の世論誘導やドラマ、小説などフィクション（虚構）によって、かえって不可視化が進行している。平成の山口組を検証することで、ヤクザの置かれた実情と実態、そして令和の時代にどう変容していくのか。それを解き明かすことで「暴排社会」の現状に一石を投じるのが、四〇年以上も山口組と命運を共にしてきた私の使命かもしれない。

第一部

平成前夜
五代目山口組誕生まで

平成元(1989)年3月、組織解散と引退の挨拶に訪れた山口組総本部を後にする一和会山本広会長。右端がのちに五代目組長となる渡辺芳則、左端が岸本才三。

1　ヤクザという〝生き方〟

†五代目継承式

平成元年七月二〇日午前三時、私は宅見勝若頭の防弾仕様大型車両の後部座席左側に座って阪神高速道路を神戸に向かっていた。

「今日、他団体の親分さんはたくさん来るんですか」

と私が聞くと、宅見さんが答えた。

「いや稲川総裁とあと一〇人ほどです」

山口組として五代目の継承式と襲名披露の会場を探してはみたが、やはり一〇〇〇人規模の暴力団パーティーとなると宴会場を貸してくれるホテルや旅館はない。船舶を借り切って洋上披露にするかという案も出たそうだが、どの案も実現は困難で、警察が黙ってはいない。

この日は渡辺組長が山口組を継承するめでたい日だ。事前に兵庫県警に打診したところ、派手なことをすれば道路交通法を使ってでも道路封鎖をするという。そんな強行手段に出られたら来客に迷惑をかけ、山口組のメンツは丸つぶれになる。だから最小限の式典になったと教えてもらったが、四代目継承式の時より相当ひかえめだ。難しい時代になったなと思ったものである。

警察は襲名披露を暴力団の勢力誇示及び資金集めとみなしており、基本的に阻止する方針をとっている。山一抗争（後述）に完全勝利した若き指導者の船出にしては質素なものだが、もし一〇〇〇人規模の披露宴が開かれたら、マスコミも殺到してそれこそ過去に例のない勢力誇示になるだろう。そうでなくても、お祝儀は山ほど集まった。それがヤクザの伝統的風習である。宅見さんから「今日は継承の式だけにして、披露は書状披露にします」という話を聞きながら、私は一睡もしていない目をこすっていた。

顧問弁護士である私が五代目の継承式に参加するのは、表向き警察の違法な権力行使に備えるためだが、本当のところは継承式の記念ビデオを作るためだった。数々の東映ヤクザ映画を手がけた伝説の名プロデューサー・俊藤浩滋《しゅんどうこうじ》さんに、私が継承式記念ビデオの製作を頼んだのだ。書状披露に添えて全国の同業者に配るビデオだが、東映ヤクザ映画のノウハウをもってすれば映画ばりの格好いい映像になると思った。私がビデオの製作者で著作権者だが、こんなことが弁護士会にバレたら懲戒処分ものだ。

こうなった理由は、前年私が書いた小説『悲しきヒットマン』がベストセラーになり、俊藤さんのプロデュースのもと東映の配給で映画化していたからだ。東映の岡田茂社長にもお会いして、三代目田岡親分以来の山口組との付き合いが継続することを喜ばれ、『悲しきヒットマン』に続いて渡辺芳則組長と山一抗争をテーマに映画化することが決まった。その流れで渡辺五代目継承式典記念ビデオの製作を俊藤さんにお願いしたのだ。

それにしても本家二階大広間はやはり手狭で、三台のカメラをまわすのに随分気を使った。とまれこの日の渡辺組長は堂々と落ち着いて目に力がみなぎっていた。素人の私ですら盃を飲む姿が実に格好いいと思った。ヤクザの文化も捨てたものではないと否応なく感じさせられるのだった。

†渡辺組長がヤクザになった理由

渡辺組長が山口組の頭領になるについてはいくつかの要因がある。まずヤクザになったということ、山健組を継承したこと、時代背景として山口組の混乱期に遭遇したこと、そして決定的要因は宅見勝が彼を頭領に祭り上げたということである。

一つずつ説明してみよう。例えば若い時にグレてアウトローの道に進んだとしても、それが転落かと言うと必ずしもそうではない。アウトローにはアウトローなりの出世コースがあり、しかもその出世コースは自分の器量だけで駆け上がっていくことができる数少ない人生双六《すごろく》になっている。それは芸能、スポーツの世界にも似ている。

日本では不良や愚連隊の頂点にいるのは常にヤクザである。ヤクザを超えるアウトローはいない。暴走族にしても、昨今の半グレにしても彼らの頭の上には必ずヤクザがいる。ヤクザを敬遠しようが金稼ぎがうまかろうが、世の中の不良が絶対に超えられないワルの頂点がヤクザだ。故に、もし不良で出世したければヤクザになるしかない。

司忍六代目組長が私に言っていた言葉がある。

「この世界（ヤクザ社会）は自分の力だけで伸びることができるからね。子供の頃から何となくそう思ってたね」

司親分がヤクザになったのは本人の力量だけで勝負できる世界だからだ。

五代目の渡辺組長も同じことを言っている。ヤクザになる動機について作家の溝口敦氏のインタビューに答えているので引用したい。

「いつまでも愚連隊じみた真似をしていても始まらない。メザシがタイになる道理はない。タイになるには若いうちにタイの子供になるしかない」（溝口敦著『五代目山口組』より）とのことで、一八歳の時アウトローのエリートコースとしてヤクザの道に進んだ。ヤクザ社会で上昇志向の階段を上るという考えだが、期せずして五代目、六代目とも若い頃そう思っていた。

†人がヤクザになる理由

では何故人はヤクザになるかという根本問題について私の考えを述べたい。

ヤクザは時代や環境によって大きく影響をうけ生活スタイルも色々と変わる。例えば江戸時代後期に見られる「鳶《とび》」と言われた火消し人足は、火事に際して大屋根で纏《まとい》を振るい、燃え盛る炎の熱風に耐えて大見栄を切った。それは、自分たちが一番に駆けつけたという誇りとともに消火目標の位置を知らせるためだが、事故による死亡率は結構高かった。彼らは格好をつけた町のあんちゃんといったところだが、自らは若者と称して、店の新規開店や家屋の普請があれば祝儀として酒肴料をたかった。時には盗みを働き、火付けをする者までいたことが当時の書物に記されている。

江戸後期から明治にかけて街道筋を縄張りにした博徒は、浮浪者、無宿者の宿泊所としても機能したが、治安を乱すため度々幕府の刈り込みを受けた。関東の博徒は首領たちが島流しに遭っており、八丈島と三宅島に流された。この時期の博徒は後に明治、大正期の講談師によって著しく誇張され美化された。清水次郎長、国定忠治、大前田栄五郎などは今日でも名前が知られているが、作り話も多い。

ヤクザ研究で我が国の第一人者と言うべき猪野健治氏が近代ヤクザの祖と定義した九州の吉

田磯吉（一八六七〜一九三六）は国会議員にまで上りつめた人だ。八幡製鉄所開設時に「きつい、汚い、危険」な仕事に従事する荒くれ者を取りまとめて地元の顔役となっていった。虚飾なしに立派な人物だろう。

それ以外にも大正から昭和にかけてヤクザが政治家や権力に使われ国策遂行に協力させられたり、戦後の混乱期に当時「第三国人」といわれた在日朝鮮人や台湾省民の愚連隊から警察署を守り、治安維持に貢献したことなどは今でも語り継がれる。今日では考えられないが山口組三代目の田岡組長が神戸市水上消防署の一日署長までしている写真が当時の新聞にも掲載された。近くはバブル最盛期に大手資本がヤクザを地上げに使い、その対価として暴力団全体に莫大な金が流入した。

ヤクザというのはそれほど時代により変わるものだが、いつの時代にもひとつだけ変わっていないことがある。それは普通の人生を送ることに適合しない人がヤクザになるという点だ。きつく言えば社会的不適合という方が分かりやすいかもしれない。

具体的に言うと、就労年齢に達したころ「人に命令されて働くのは嫌だ」とか「朝早くから電車に乗って仕事にいけるか」「短い人生朝から晩まで仕事などしてられるか」「いいものを身に着けて注目されたい」「世の中は金がすべて」「人生、太く短く」という感覚を持つ人がいる。

あるいはどうしても対人関係がうまくいかない人、さらに生い立ちにハンディがありすぎて強い劣等感を持っており、まともな就職ができない人、全員が全員ではないがそういう人のうち、ヤクザ根性の旺盛な人がヤクザの道に進む可能性がある。ヤクザ根性というのは「なめられてたまるか」という意識である。他人がどう思うかにかかわらず自分は尊大で許される人物と故なく思っていることも多い。

人はなぜヤクザになるかに対する答えの一つは、社会システムに乗り切れないはぐれ者が世の中にいるということだ。これはいつの世にもなくならない。

社会に沿えない考え方をするようになった背景には、厳しい生育環境が原因していることが多い。差別、貧困、無学歴、一家離散など本人の責任に帰しえない理由もある。ただ私が思うにどんなに悪環境であろうと親が深い愛情をもって子供を躾ければ、子供はけっしてヤクザにはならない。思いやりのある優しい子に育ってヤクザに向かない人格になる。突き詰めると親の愛情の欠落がヤクザを生み出す一番大きな理由だと感じている。

この点について司組長は先に述べた「産経新聞」のインタビューで次のように話している。

「ちりやほこりは風が吹けば隅に集まるのと一緒で、必ずどんな世界でも落伍者というと語弊があるが、落ちこぼれ、世間になじめない人間もいる。われわれの組織はそういう人のよりどころとなっている。……（中略）やくざやその予備軍が生まれるのは社会的な理由がある。……（中略）山口組には家庭環境に恵まれず、いわゆる落ちこぼれが多く、在日韓国、朝鮮人や被差別部落出身者も少なくない。こうした者に社会は冷たく、差別もなくなっていない。心構えがしっかりしていればやくざにならないというのは正論だが、残念だが人は必ずしも強くはない。こうした者たちが寄り添い合うのはどこの国でも同じだ」

山口組三代目田岡一雄の長女・田岡由伎さんは著書『お父さんの石けん箱』の中で、父の次のような言葉を紹介している。「うちの組織が大きくなるということは、淋しい人間が増えているということや。落ちこぼれの人間が増えてるということや」と言っていたという。

猪野健治氏も『やくざと日本人』で「差別の問題をぬきにしての（反）暴力団キャンペーンは、差別の再生産に加担することにほかならない」と述べている。

世間に馴染めない人間や落ちこぼれに世の中は冷たく、ちりやほこりと同じで自然とそれらが集まるものだが、山口組はその拠り所となっているというわけだ。つまり行き場のない人間や在日などの被差別層、生活困窮者らドロップアウト層の受け皿がヤクザ組織だったが故に人はヤクザになるということで、他に受け皿があればそちらでもよい。

ただヤクザ組織には他にはない、落ちこぼれが惹かれるだけの魅力もある。人がヤクザになるきっかけを具体的にみると「格好良さに惹かれてヤクザに」なったという動機が目立つ。いい女を連れて、いい服を着て、いい車に乗ってという享楽的側面や、繁華街を肩で風を切って闊歩し、水商売の従業員から頭を下げられる男の威厳や、若い衆が親分を恭しく奉ってキビキビとかしずく光景など、これほど眩しく見える姿はない。落ちこぼれにも己れの才覚次第で上っていく階段があったのだと光明がさすことだろう。世の中をはぐれた若者が不良の頂点に君臨する親分に憧れても、むしろそれは自然な感情だ。

あるいは抗争でヒットマンとして走っている姿なども、その自己犠牲的なヒロイズムが若い人には格好良いと映ることがある。義理人情や男気の気風に憧れてという動機もあれば、自分のような者でもあたたかく受け入れてくれたという動機もある。また離婚や破産など人生の辛酸を嘗め、そのどん底でヤクザに助けられ義理を噛んだというのも良く耳にする話だ。

刑務所で誘われて出所後身を寄せたというケースなどは最も一般的なきっかけである。司組長や渡辺組長のように出世するため、向上心の実践としてヤクザ社会にフィールドを求めたという実例もある。通常社会に居場所を見つけられないはぐれ者は、願ってもない受け皿と言える。組織の側もそれを承知で受け入れ、暴走しないよう枠をはめながら、生活ができるようにしてやるのだ。ヤクザになると、まともな仕事とは言えないが、かつてはかたぎの社会からの裏需要もあり、それは集団を作ることによって生業を確保することにつながっていた。

ただし、こうした利権は常に同業者から侵略される危険にさらされており、防衛（死守《しに》り）のために争いが起こる。アウトローの利権に対する侵害は警察や裁判所に訴えられないから自主防衛する。ヤクザになるのはそんな運命共同体の一員になることだ。ちなみに世界中の暴力団が共通して扱っている仕事に、麻薬、売春、賭博などがある。

日本ヤクザの特徴は違法業種だけでなく正業、もしくはそれに近い仕事のウエイトが非常に高かったことだ。土木、建築、産廃、解体、人夫供給、金融、興行、港湾荷役、飲食店経営などだが、これはヤクザの公然性と深くリンクしていて、歴史上もヤクザは身の半分は社会の一員として機能してきた。小泉純一郎氏の祖父が横浜の顔役から議員となった例を挙げるまでもなく、かつては地域の治安維持に役立ったり、祭りの世話役もしていた。三代目田岡親分の時代はいうにおよばず、バブル景気の時代まではヤクザが正業を持つことも許される余地があった。

ところが平成時代に制定された暴対法、暴排条例は、「半正業」のグレーゾーン領域からもヤクザを締め出し、付随効果として国民にかつてない暴力団への忌避感情を生みだした。おかげで平成になりヤクザは急激に正業を失っている。食い詰めたヤクザはやむなく違法業種に寄生することを余儀なくされ、純然たる犯罪組織へと追いやられつつあるのが平成末期の実情である。

†ヤクザは職業ではなく生き方である

もう一点、ヤクザは職業なのかという疑問があるので答えたい。業界では「ヤクザは職業ではなく、生き方のことだ」と言われたりする。それでは生き方とはどんな生き方なのか。

ヤクザ世界には「男になりたい、男で生きたい、男で死にたい」というスローガンのような言葉がある。山口組四代目・竹中正久組長はNHK特集『「山口組」—知られざる組織の内幕—』(私も裏方としてかかわった)の取材で「どんな生き方をしたいですか」と聞かれて「そら男で死にたいわな」と死に方で答えた。竹中組長の言った「男」という概念が何を意味するかだ。

「男になるため、男同士の勝負をして、男をあげる」「男が男と見込んで、男の契りを交わす」「男の中の男一匹、男が惚れる良い男」……。

どういうことだろう。いくつか感じるニュアンスに、男になるためには一歩も後に引かず死ぬまで戦う気持ちを持てと言っているように思う。負け犬にならないため、弱気を排して命を懸けてでも最後まで敵に立ち向かう意地を持って生きよ、ということだ。闘いに勝ったら男をあげる、男になるわけで、歴戦のツワモノは男の中の男ということになる。男は自分の価値や尊厳を大切にしろと言っているのかもしれない。

次に約束を交わしたら絶対裏切らない人間性や、心から信頼し合える男同士の絆が素晴らしいとも言っている。「筋目」を大事にし、考えや行動に迷いがない人になれと訓示しており、女々しい生き方をするな、ともうかがえる。女性差別と叱られそうだが、女々しいとは決断力、行動力がないこと、意地や根性がないことなどを言うのだろう。ヤクザとは右に述べた男としての「意地」を通した生き方のことをいうのであり、職業ではない、ということだ。

2 山口組保守本流の系譜と伝統

†渡辺五代目の経歴

昭和一六年生まれの渡辺芳則が山健組に入ったのは、溝口敦著『五代目山口組』によると二二歳くらいらしい。山口組の歴史では田岡三代目が日本中を抗争の嵐に巻き込んで侵略をほしいままにしていた時代の後期である。山健組は、田岡親分のボディーガードを務め、田岡を唯一無二の絶対的親分と心酔する山健《ヤマケン》こと山本健一（当時山口組若頭補佐）が率いた組だった。運命の神が渡辺を本流に導いたといえる。

若者がヤクザになる場合自分から組を選んで入るというより、多くは縁を持った人に導かれてその組に入る。ヤクザのスカウトで一番多いのが刑務所であり、次に知り合いにヤクザがいたとか、繁華街でブラブラしている時に声をかけられたということが多く、最初から日本一の親分になるため組を選ぶという例はない。

そしてたまたま縁を持った親分なり兄貴分が、いい人か悪い人かとなると最早クジ引き同然の世界である。力のある組員を伸ばしてやろうとする親分もいれば、奴隷のように食い物にする親分もいる。私が知り合った三次団体の組長はスカウトしてきた組員にすぐ入れ墨を入れさせ、ちょっとしたミスに難癖をつけては指を切断させる人がいた。ポケットベルに返事がないというだけで十代の子の指を切っていた。こういう親をもった若者は不憫である。体を傷物にし、カタギの世界に戻れなくして逃がさないようにするためだが、平成が終わった昨今は業界内で指詰めの風習は下火になっている。

†田岡三代目の「ヤクザ根性」

山口組は日本最大、最強の組織として定着し、恐ろしい暴力団というイメージが内外に知れわたっている。山口組をそんな日本一のブランドに造りかえたのが三代目の田岡一雄組長である。田岡組長は港湾荷役、芸能興行という二大正業で成功を納め、暴力による全国侵攻でも著しい実績を残した。交友範囲は政治経済芸能のトップクラスに及び、業界における影響力の大きさ、その存在感もヤクザの歴史上群を抜いている。

若頭の山本健一が田岡親分の前では直立不動で物が言えなかったというのだから圧倒的なカ

リスマ性があったに違いなく、ヤクザ社会では不世出の偉人だ。どのような要因が田岡親分の人格を造ったのか非常に興味深いが、私なりに考えることがある。ひとつは幼少期のことだ。『田岡一雄自伝』に書かれているので、紹介したい。

一雄は大正二年、四国徳島県の寒村で貧農の子に生まれた。生を受けた時、既に父は他界しており、一雄の兄姉達も早くから家を出て幼少期の一雄の暮らしは母と子の寂しい家庭だった。家の中はいつもひっそりと火の消えたような寂しさだった。薄暗い土間の片隅に食い散らかした茶碗が鉄鍋の中にびたびたと水に漬けたままになっていて、それを凝視するだけで慄然とするさみしさがあった。働きにでている母親に会いに行きたかったが、行けば母親は同じ小作人仲間や地主からいやみをいわれることが分かっていた。一雄が小学校に入学した六歳の時その薄幸な母が死んだ。一雄は一人で裏山へ駆け上って泣いた。初めて声を上げて泣いた。悲しくて、悲しくて、その時の涙は生涯忘れえぬ熱さであった、と語られている。

片親ながら一番親に甘えたい時期に母を亡くす壮絶な悲しさと、その後も肉親の愛を知らずに大きくなった悲惨な生育環境が人格形成に大きく影響している。少々のつらさや苦しさなど困難の範疇に入らなくなり、強烈な反骨心の背骨となりがちである。

ヤクザに共通する「ヤクザ根性」は反骨精神の旺盛さや開き直り、ちょっとした侮辱に対する反抗心の強さなどだが、「なめられてたまるか」という心情に置き換えてもいい。田岡親分は人一倍反骨、開き直り、負けん気の強い人だった。これらが全国侵攻の原動力になっている。さらに自伝にはこんなことが記されている。

幼少時代の私はけっして腕白ではなかったように思う。むしろ子供らしい快活さに欠け、自分の殻の中にじっと閉じこもっている内向的な子供であった。大人たちに声をかけられてもめったに物を言わぬ寡黙なはにかみ家だった。

おそらくたいへんナイーブな感性の子で、人の表情の変化を見ながら感情の機微を敏感に読んだのだろう。後に山口組の頭領になっても、田岡親分は、配下の顔色を常に読んだ。遠ざけたり近づけたりしながら配下たちを競わせ、やる気を引き出していった。信賞必罰を旨として組を運営したので、暴力優先の色が濃くなった。結局、田岡は、みずからの不遇な少年期に醸成された強烈な反抗精神と負けん気が他を圧倒したのだろう。繊細な感受性は子分たちの能力をいかんなく引き出した。

そんな田岡組長の組織運営の特徴を手短に言えば暴力と粛清、そして侵略である。田岡ほど侵略を旨としたヤクザはいない。特に脂の乗り切った四十代から五十代にかけては暴力至上主義の傾向が強く、積極的に抗争に持ち込むことを好んだと言える。おそらく組員が増えるので他府県へ侵攻せざるをえなかったことも理由の一つで、いつの世も暴力的傾向が強いほど組員は増え、親分への求心力は高まるものだ。まさに暴力はヤクザの真髄である。

関東のヤクザは博徒の流れをくむ組織が多く、賭博開催権を確立した歴史があるため地域的な区割りを縄張りとする習わしがある。ところが関西はゆすり、たかりの愚連隊が発祥で地域を区割りするという感覚は薄く、田岡組長は侵略して治めたらそこが縄張り、という関西流の考えをとった。既存の縄張りなど古かろうが新しかろうが強い者が取ったら勝ちだ。田岡組長の心にはおそらく全国制覇の見果てぬ夢があったと思う。

日本一の山口組を作った祖といえば田岡一雄になり、原点に返るといえば田岡親分のことを指し、それは暴力、粛清、侵略を旨とすることになる。

†山口組の保守本流へ入門

山健組のことを通称「イケイケのヤマケン」という。田岡同様に暴力的傾向が著しく、因縁をつけてでも暴力の行使に持ち込み、暴力で決着をつける組といった意味だ。

「ヤマケン魂、見せたらんかい」という掛け声があるが「早《は》よ、人殺してこい。頑張れ」ということで、今でも使われる。そういう伝統を持った組にまだ若者だった渡辺芳則が入った。

渡辺の親分である山本健一は自分の山健組をほとんど放ったらかしにして一途に田岡親分に尽くした人だ。田岡の「日本一の子分になる」というのが信条だった。この山本健一若頭の姿勢は六代目山口組における高山清司若頭を彷彿とさせるものがあり、二人には親分への揺るぎない忠誠心を感じる。つまり三代目、六代目の若頭は確固たる親分の分身だった。

渡辺は若い頃、山本の身代わりになって一二丁の拳銃を抱いて警察に出頭し、その功績で山健組若頭となり、後に山本亡きあと二代目山健組組長になるが、いずれも山本夫人の推挙が大きいと言われる。親分の犠牲になったことが出世の第一だったが、プラスして可愛げのあるキャラが得していると思う。

渡辺組長は私の知る限り本来カラッとした明るい性格の人で、冗談もよく言うし茶目っ気もあった。そしてヤクザの大親分になった人にしては珍しく世間の常識的な善悪観を持っており、見ようによれば温厚で分別がある分、線が細い。

反対に親分の山健さんは性根のきつい人で、因縁をつけるのが得意、ゴネるときはとことんゴネる。自分の若い衆には優しいのだが、外に向かって山健がゴネて横になったら、殺してから運び出さない限りテコでも動かない。横車を無茶とも思わず平気でゴリ押しするような人だった。

組運営についても二人の考え方がだいぶ違っている。本人の言葉を引こう。

「俺なんか組織を大きくしようという考えを持っとるわね。うちの先代（山本健一）いうのは組織を増やそうとせんかった」

「俺は先代にもいうたことあるんだけど、たとえば抗争一つにしろ、先代の考えは、抗争に率先していく奴がおったら、それでええ、と。俺の考えはちょっと違いまんね。組員が十人おったとして、そのうちの一人懲役に行かすとして、毎月組員一人から一万円ずつ集めたとしても九万円にしかならへん、と。これが百人の組員がおったら、一人一万円が一人千円集めればよくなる。経済的にも楽できる。組織力も温存できる、と」（前出『五代目山口組』より）

渡辺組長は確かに組員数を増やすことに熱心だった。「数は力なり」という渡辺流ヤクザ経済哲学を最大限実践した人だ。山健組の二代目を継いだ時「いずれ俺が二代目を継いで良かったと、みんな（山健組組員）に思わせてやる」と決意したそうで、山口組の頭領になってからも山健組の勢力を拡充し続けた。山口組傘下組織の間でトラブルが起こると山健組有利に裁定し、これが「山健にあらずば山口組にあらず」と言われるまでに山健組組員を増大させる原因になった。

後の六代目作りではこの山健組優位の不均衡解消が、代替わりの重要な目的となっていく。

3　田岡の死と山口組の混乱期

†大阪戦争と「日本のドン」の死

昭和五三年七月一一日、山口組組長の田岡一雄三代目が京都のクラブ「ベラミ」で撃たれた。これは大阪戦争と呼ばれ、博徒の松田組と戦った三代目時代最後の抗争である。発端は昭和五〇年の山口組傘下佐々木組組員による松田組系への賭場荒らしであったが、一度鎮静化しかかった抗争が予期せぬ事態を招いたのである。

日本のドン・田岡組長が撃たれたのは過去に例がなく、腹心の山本健一若頭の激しい怒りを買い、山口組の威信を賭けた苛烈な報復戦が展開された。山健三羽烏と言われた盛力会、健竜会、健心会のほか、山健若頭に近かった宅見勝、石川尚をはじめとする直参がこぞって参戦し、我先にと手柄を競った。松田組組員が次々と殺傷され、最終的に田岡狙撃犯の松田組系大日本正義団・鳴海清が、ガムテープでぐるぐるに巻かれた惨殺体となって六甲山中で発見されるなど、大阪戦争は凄惨な殺戮戦の様相を呈した。

山口組の抗争はおおいに世間の耳目を集め、とくに関西では一大旋風を巻き起こした。連日夕刊紙や当時は大阪名物だった国鉄大阪駅の壁新聞が「戦況」を報じた。「本日の発砲件数」、「本日の死傷者数」を掲載するほどの過熱ぶりで、当然ながら警察の反感を買っていた。

昭和五三年一一月一日、田岡邸で山口組による一方的な終結宣言をしたのだが、攻撃するだけして相手の意向を無視した終結宣言はまさに強者の論理だった。その強者の象徴田岡組長は、昭和五六年、六八歳で激動波乱の人生を終えている。相手の松田組はその後弱体化の一途をたどり昭和五八年に解散した。田岡のモットーもあり、経済分野にいちはやく進出した山口組は当時、有力な経済ヤクザ、金満直参も多数輩出しており、病床にあることも多かった田岡の神通力に陰りをみせていた時期でもあったのだが、本来の暴力性を取り戻した事件として記憶される。

山口組の混乱は「日本のドン」とも呼ばれた不世出の田岡親分が昭和五六年に六八歳で病死し、田岡の腹心であり当然の四代目候補と目されていた山本健一若頭が翌五七年、田岡親分の後を追うように亡くなったことに始まる。田岡親分は山健以外の後継者を指名しておらず、空白の四代目を如何にして選ぶかのルールが定まっていなかったことから、組長代行の山本広(山広組組長)が古参幹部連から支持を受け四代目候補に名乗り出ると、これを阻止せんとして若手らが、同じく若頭の竹中正久(竹中組組長)を担ぎ出し、極道史に残る政権争いを展開したのだ。

私はこの頃、山口組の小田秀臣本部長の顧問弁護士をしていたが、別のルートで宅見勝さんとも知り合い、深い親交を持つようになっていった。そんな立場から私が見聞きした内部事情をお話ししよう。

†四代目後継指名レースの舞台裏

山口組の四代目、五代目組長を作った中心人物は宅見勝である。

宅見若頭の経歴は、山口組系福井組若頭から、昭和五二年四一歳当時、山本健一若頭の推薦で山口組の直参になっている。福井組長の了解もなく山健が勝手に宅見を直参に上げた。病床の田岡が山口組の若返りを図って山健に若手の起用を指示したものだった。宅見以外にも一〇名ほどが、この年直参に直っている。

宅見さんは山健さんに生涯感謝の念を持ち続けたが、それ以上に彼の考えや生き方に心酔しきっていた。彼を尊敬し秘書兼ガード役のように側に従い、山健組の身内を超えるほど親密な信頼関係を築いていった。自然と山健組若頭でのちに山口組五代目となる渡辺芳則とも親しくなった。山健存命中の昭和五四年、宅見と渡辺、そして、ヒゲの本部長として世に知られる岸本才三、野上哲男の四人が個人的に北陸旅行をしている。直参同士が連れだって個人的な旅行をする場合は相当親しいが、この四人はまさにその後の山口組を動かす核になった。

前述したように昭和五三年年七月、田岡三代目が京都のクラブ「ベラミ」で狙撃され重傷を負うという驚天動地の「ベラミ事件」を受け、第三次大阪戦争が勃発。山口組がその報復戦の幕引きを表明する記者会見を開き、山本健一若頭が持病の悪化で保釈中の身にもかかわらず記者の前で一方的に抗争の終結を宣言したことが検察の怒りを買い、保釈を取り消された。そのまま受刑へとつながり、昭和五七年二月四日、刑期を務め終えることなく帰らぬ人となった。ただ山健は獄中から宅見に定期的に手紙を書いており、彼の考えはある程度分かる。一例を紹介しよう。

「生存競争の激しい現社会には種々の型があります。他人にどんな迷惑をかけても、人道的に許されない法律を破っても、それぞれの会社の社則違反をしても、自分さえ金になり豊かな生活が出来ればよいというアワレのような型と、これらの上にウソでかためて世渡りするアシタのような型。しかもウソの皮がむかれても平然としている奴達がまかり通る社会もそんなに長くは続かない。そのようなものは世間が許さない。破滅は当然のことです」

アワレとは田岡と並び称されるかつての大スター親分だった菅谷《すがたに》政雄（後述）、アシタとは山本広のことで、山健が山広を嫌っているのが良くわかる。この当時の山口組は強い対立感情を持つ者同士でも仲間としてやっており、田岡親分がそれらを一つに束ねていた。そして山健が死の直前獄中から宅見にあてた手紙の中に「私が山口組を継いだら竹中を若頭にして……」という件《くだり》がある。宅見はこの手紙の一文をもって竹中を擁立することになる。

私が顧問をしていた（昭和五七年当時）山口組本部長の小田秀臣さんも私に「（四代目に）加茂田（重政）がなろうと、竹中がなろうと……」と、もらしたことがあって、竹中もしくは、山口組でも一、二の勢力を誇る加茂田組の加茂田組長にも次期山口組当代の目があった。実を言うと、前述した前代未聞の「大阪戦争終結宣言」記者会見の前日、山健若頭は田岡組長と会っており、親分から「山口組を健に継がせる」と言われていた。山健がその日のうちにこれを加茂田に喋り「その時は頭《かしら》（若頭）になってもらう」と本人に告げていたという事実がある。若頭という地位は単にあまたいる直系組長のトップ（長男）というだけでなく、親分の次期後継者をも意味する。君臨すれども統治せず、の親分に代わり、ピラミッド型組織の運営から人事、抗争の指揮官をも兼ねる実質的な司令塔である。山口組史に出てこない裏事情だが、表沙汰になっていたら歴史が変わっていただろう。ただ山健は受刑中に「竹中を頭（若頭）にする」と気が変わってしまった。

当時の小田さんも本心は若手の暴力信奉派が新当代に良いと考えていた。私など小田さんが四代目になるのではないかとおおいに期待したが、本人も周りからもそんな意見がなく、結局山広擁立の参謀になった。山広こと山本広の渡世歴は古く、一度は田岡から若頭に指名されたほど（山健の横ヤリで撤回される）、実務能力、キャリアともに申し分のない大幹部だった。山広を押した理由を小田さんはこう言っていた。

「（山本）広っちゃんでまとめたほうが山口組の一本化ができる。そのあと皆が竹中を五代目にしたいのなら山広に禅譲してもろて竹中が五代目になったらええ」

また岸本さんものちに、私に本音を言ったことがある。「山広に五年ほどやってもろてから竹中が五代目を継いだらあんなに割れんで済んだやろなあ」と。しかし一たび山広が代をとっていたら竹中擁立派は、いくら山広が穏健といえ排除されたに違いない。宅見さんが強引に竹中で貫き通したのだが、手段として田岡夫人の文子姐さんに協力してもらっている。「山健のあとに組を継ぐのは竹中というのがお父ちゃんの遺言」という大義名分を引き出したのだ。

†三代目姐・田岡文子の裁定

文子姐さんは最初山広で良いと思っており、山広への協力を竹中に要請したことがある。ところが宅見は師と仰ぐ山健が嫌っていた山広だけは断じて認められないことなので、姐さんを説得するためその信頼が厚かった組長秘書の織田譲二を仲間に引き入れた。こうして田岡家の執事と言うべき織田、岸本才三の二人掛かりで徹底的に姐さんを口説き落とした。山健から当初は「頭になってくれ」と言われていた加茂田は「遺言などあるわけがない」と断言していたが、当然である。

加茂田について姐さんは、竹中四代目体制で副組長クラスの座布団（序列、地位）を用意するよう竹中に申し渡していたが、宅見はこれを無視した。加茂田が入ると発言権が大きすぎて組織運営に支障が出るからということだが、見ようによれば姐さんに手伝ってもらうだけ手伝ってもらって、言いつけは聞かないのだから勝手ではある。姐さんは長男の満さんの強い希望で、本当は山口組に関わりたくなかったのだが、岸本、織田らに担ぎ出された。後に岸本さんも「親分が竹中を四代目にするというようなことは、一度も喋ってない」と述懐している。

実はこの「亡き先代の遺言」というテクニックは山口組四代目作りで初めて使った手ではない。山健組の二代目作りでも使用済みの口実で、その時は見事成功している。ヤクザ社会は後継者指名権を先代親分が独占的に持っているので「親分の遺志」と言った方が手っ取り早く済む。そして女房なら生前親分の気持ちを聞いていても不思議はないので、未亡人から言わせるという手法をとった。

それは宅見が気脈を通じた仲良し派閥の渡辺を山健の後釜にすえるべく、山本健一の秀子夫人と結託した時に思い付いたことだ。秀子に「お父ちゃんの遺言です」と言わせて渡辺を山健組の二代目にした。山健組二代目作りでは一人の脱落者も出さず、まさにグッドアイデアだったが、四代目作りには通用しなかった。

山健が加茂田に「親分から組を継がせると言われた。兄弟、若頭になってくれ」と言ってしまっているのだから、反対派からは嘘だと判る。宅見は山健がそんな話までしていたとは知らない。その結果は大分裂である。山口組の本拠地が神戸であるにもかかわらず、その神戸に竹中支持者は宅見派閥の岸本と渡辺しか残らなかった。言わば嘘で四代目を作ったわけで、加茂田を中心に嘘に対する反発が激烈だったのは当然といえる。会社組織でたとえるなら、錦の御旗であるオーナー家を経営陣の後継争いに介入させたことで、かえって派閥間の内紛を激化させたことになる。

†ヤクザの本質

なぜ宅見が山広を当代にしたくなかったのかは、山口組という組織の在り方にかかわるテーマである。ちなみに直参たちから見た山広と竹中の人物評を記すと「山広は御《ぎょ》しやすく気楽にやれそうだが、竹中はうるさそうだ」との意見や「山広さんなら他団体とうまく付き合い出来るけど、竹中のおっさん、誰とでも喧嘩しよるんちゃうか」といった意見があった。

竹中は荒削りで他団体との協調性に欠けるきらいがあるが、意志の強さでは傑出している。一方山広はもともと田岡が山口組を経済的に支えるために従えた企業舎弟部門の出身で、穏健だが決断力、行動力に難点があるといったところで、宅見も山広の優柔不断さが気に入らない。

かつて「菅谷問題」を解決するよう田岡に命じられたのに、荷が重いとして断ったことが失格の第一の理由にあげられよう。菅谷問題とは、戦後闇市時代以来田岡の盟友でもあったボンノこと菅谷政雄をめぐる処遇のことで、故あって田岡から絶縁処分を受けたにもかかわらず引退せず、一本で（独立組織として）渡世しており、それが田岡のプライドをいたく傷つけていた案件である。田岡のノドに刺さった骨と言ってよく、この骨取りの仕事を、菅谷と親しかった筆頭若頭補佐の山広に命じたのである。菅谷と田岡親分の因縁は深く終戦後にまで遡るもので、しかも菅谷はシノギでも大成功を収め山口組内の最大組織にまで膨張し、いち早く首都圏にも進出するなど山口組本体の勢力拡大にも貢献している。田岡の子分である直参（二次団体組長）としては絶大な力を持った功労者で、親分といえども簡単に処分できる配下ではなかった。にもかかわらず田岡は敢えて菅谷を絶縁している。後事を託したい山健若頭の対抗馬にならないようにという親心も背景にあってのこととはいえ、ここに田岡流粛清人事の真骨頂をみる。

後述するが六代目山口組においても髙山若頭が後藤組の後藤忠政組長を処分しているが、このときの菅谷処分を参考にしたのではないかと思う。

田岡組長が山広に菅谷問題の解決を命じた際、執行部の溝橋正夫や加茂田らがいる前で「山広、お前が処理せぇ」と言っており、かなり強い命令と言える。岸本さんが言うには山広をテストしていたのだとか。それにもかかわらず山広は億面もなく断って田岡を失望させた。絶対であるはずの親分をコケにしたともいえる。

田岡のいう解決とは菅谷を引退させるか、さもなくば殺すか、くらいの意味があり、確かに荷は重い。ただ懸命に努力すれば結果はどうあれ田岡も納得するのにまったくやる気をみせなかった。代わって山健と竹中が当時、菅谷を狙って動いている。山広はとにかくケジメをつけられない男で、「あさっての広ちゃん」などと呼ばれ田岡が撃たれた大阪戦争にも参戦せず、それでいて勝手に松田組との手打ち工作を画策した。宅見はそれも気に入らず、なにより暴力派の山健があれほど嫌った山広を絶対に頭領にできなかったのだろう。

誰を神輿《みこし》に担ぐかは、山口組という組織の暴力性をどう運用していくかという問題に直結する。田岡はその戦闘力によって獲得したパイによって「子分を食わせていく」という親分としての責任を全うしようとしたのであり、戦うことなく山口組のブランドを利用して富を得ようとする子分によい感情を持っていなかった。竹中、山広をめぐる暗闘は、田岡がつくりあげたといってよい山口組の核心を規定する闘争でもあった。

4　山口組四代目暗殺と未曽有の山一抗争

†分裂直後は「共存でよし」だった

大正四年に創立の山口組も初代、二代目までは小さな組織で親分の独断も通っただろうが、三代目からは日本一の大組織になっており、組織の質が変わっている。大きくなりすぎると実際問題として親分の意志が絶対に通るとは限らず、現に四、五、六代目は代替わりにおいて先代の意志が反映されていない。それなのに四代目、六代目とも表向きは先代親分の意志に沿うと言わざるをえないところが、親分を絶対とする業界ルールの窮屈な点でもある。親分の意志が絶対の世界だけに、後継者をつくる前に親分がいなくなると、あとに残されたものは混乱する。これまで兄弟分としてつきあっていた仲間を、継承盃を交わして以降は親分として崇めなくてはならないからである。

とまれ四代目選びでは三代目の遺言という根拠付けで竹中正久が頭領の座についた。代替わりの際は新当代（組長）の盃を吞む、吞まないは個人の自由である。四代目誕生直後は盃を拒否する勢力の方が多かった。

新生四代目山口組の組織運営の中核を担う執行部（若頭、舎弟頭、若頭補佐がメンバーで、組長は組織運営に直接タッチせず、承認を行う）も、出ていく者が新組織を作るなら「去る者は追わず」でよいとして、棲み分けるつもりでいた。ところが短い期間に一和会が溶解し始め、各地で小競り合いや揉めごとが起こった。想定を遥かに超えて本家側の切り崩しが奏功していったのである。イケイケムードに乗って宅見は全国ヤクザ組織に宛て、一和会への義絶状を送付した。周囲（特に山陽道のヤクザ）からも孤立させる作戦だったが、四代目自身は「そこまでせんでもええやろ」という意見だった。それを宅見が突っ走ったのである。宅見さんの書いた義絶状を校正、校閲のため見せてもらったことがあるが、内容が一和会を「不逞の輩」と決めつけるなど過激だったので、私でも「大丈夫ですか」と言ってしまった。

山広は劣勢を一和会の皆から責められ、乾坤一擲《けんこんいってき》の大博打を打つ。昭和六〇年一月、吹田市のマンションで竹中四代目を山広組の放ったヒットマンが暗殺するという衝撃的な事件である。現場にいた側近の中山勝正若頭も同時に射殺され、計画は成功したものの、皮肉にも山広のヤクザ人生はここで終わった。一和会を引っ張っていく気力も体力も阻喪し、その後は「殺されずに生きている」という意地を通すことのほかには一和会に貢献できなかった。

錚々たるネームバリューの親分衆が参集した一和会だったが、何故もろくも崩れたのか。それは組織運営の在り方を教示している。ひとつには仲間が寄り集まった連合体であったことが大きな要因となった。テレビのインタビューに答えた幹部が「山広」と会長を呼び捨てにしていたのは象徴的だった。そして何よりも山口組の代紋（山菱）を甘く見すぎていた。昨日や今日にできた新代紋など求心力のカケラにもならなかったのである。

ヤクザ組織は傘下組員の奉仕と犠牲によって維持されているが、そんな犠牲的精神は求心力が生み出している。故に組の運営努力は常に求信力を高め維持することに費やされる。当代の代紋頭（組長）を神格化することによっても求心力は生まれるが、一和会の代紋では山口組の名跡が持つ求心力には及ばない。四代目誕生直後一和会に参加した親分衆が山菱の代紋を捨てたのは意地か奢《おご》りか知らないが、おそらく奢りが勝っていただろう。それは完全な誤りである。

†死命を制した山菱ブランドの重み

代紋の持つ大きな意義は組員たちの心の支えとしての重みである。例えば生い立ちの不条理からヤクザになると決めて、組織に入ったとする。盃をもらった途端、その人間に一本芯が入る。心の奥底から勇気と自信がわき、とても強くなった気がする。今までバカにされ差別されていた立場が消える。もう誰も自分を軽くあしらわないし、そうはさせない。「男になりたい、男で生きたい、男で死にたい」そういう人間に生まれ変わったのだ。

山口組の山の字を菱形に象《かたど》った山菱の代紋は軽くあしらわれることを許してくれない。ヤクザになる者は人に侮辱されると過剰に反応し、開き直る傾向が強いが、そんな人間には特に山口組への加入が力になる。落ちこぼれにとって山口組はエリートコースなのだ。肩で風を切って町を歩き、少しでもバカにされたら相手がどなたさんであろうと体に教えてやらなければならない。暴力は盃によって与えられた特権であるとともに、権威を守るべき義務である。一人一人が「絶対になめられるな」という鉄の掟を守ろうとすることで一枚岩の結束が生まれる。

代紋は血ぬられた過去を背負った威嚇力そのものだが、ヤクザのシノギが相手の恐怖心を利用してお金にかえる作業である点をみると、稼ぐ道具でもある。またシノギで他のヤクザとバッティング（衝突）した時は大きな圧力になってくれ、間違いが起これば調停機能としても力を発揮する。そして山口組の代紋こそが右に述べた効能の最高級ブランドになっている。山口組に参加する者は腹深くこのことを呑み込まなければならない。

ちなみに暴対法が暴力団を定義するのに代紋を挙げているのをご存じだろうか。つまり「代紋でメシを食うヤツらのために、代紋の使用を許している団体が暴力団」と定義している。この考えでいけば代紋頭（頭領）たる者の務めは、代紋の権威を保持し高めるのが仕事となり、代紋を磨いて、磨いて、磨きぬかねばならない。それが山口組に寄ってきた落ちこぼれに、よいメシを食わせてやる道だ。要するに「ナメられたらあかん。力で相手をねじ伏せてしまえ」

とはっぱをかけることだ。日本の最高裁判所が抗争を「組長の事業」と認定したのはこのことを指しており、抗争を民間企業の合法的経済活動である「事業」に認定するのは誰が考えても無理があるが、武力が金に直結する時代があったことも事実である。

つまり、山口組の代紋はヤクザで生きていくうえでとても大切なもので絶対身から離してはいけないということなのだ。一和会が急速に勢力を失ったのは田岡が守り育てた代紋の力を過小評価していたとしか思えない。

その点、六代目山口組から分裂した神戸山口組は他団体へ送付した「御挨拶」と題した書状に「山口組三代目田岡一雄親分におかれましては敗戦直後の最も厳しい中、官憲の重圧にも屈することなく現山口組の礎を作られた偉大な親分です。（中略）我ら有志一同の者、任侠道の本分に回帰し（中略）新たなる神戸山口組を発足し……」と記して、田岡が作った山口組と山菱の代紋を使うと宣言している。神戸から再分裂した任侠山口組でも田岡を祖と仰ぎ、名跡と代紋は使うと言っている。それなしではやっていけないということである。

†五代目後継工作の始動

宅見さんの五代目作りは竹中組長が死んだその日から始まっている。今度こそ山健を山口組の頭領にするという熱い思いだ。本来なら山健は三代目亡き後、なんの異論もない当然の四代目だった。宅見にすれば竹中でさえ亡き山健が可愛がっていた故の身代わり四代目である。

今こそ何がなんでも山健組を頭領に、即ち山健組二代目である渡辺を五代目にする。渡辺は山健組の二代目を取るについても、山口組の頭領になるについても、考えるいと間がなく宅見の采配下に動かされていた。それが親分となった後年、宅見を忌み嫌う原因になっていく。

竹中四代目とともに暗殺された中山若頭の遺体を四国に運ぶフェリーの中で、宅見は渡辺を懸命に説得していた。

「兄弟しかおらん。腹くくってくれ」

そして五代目作りのこの計画に再び岸本才三を引っ張りこんだ。岸本さんが私に言った。

「ワシゃ、もう四代目作りでエネルギー使い果たしてもとんのに、宅見が五代目もやる、言いよるから、ええ加減にしてくれ言うたことがある。あんた一人でやりいや、言うてな」

四代目が撃たれた一〇日後には、はや五代目作りに向けた動きが表面化する。昭和六〇年二月五日の直参が集まる定例会で重鎮の中西一男が「このままではいかん。船頭なしではとてもやっていけん。どうやろ、ワシを組長代行ということで了解してもらえんやろか」と口火を切ったのだ。宅見にすれば想定済みのことで、すかさず口を挟んだ。

「あんたが労をとって五代目を決めてくれるんか。そういう意味の代行と考えてええんか」

中西は次期頭領問題で発言したのではなかったのに、宅見はその問題に持ち込んだ。中西も意味が分かったのか「ワシは裏方でええ。とにかくこのままではいかん、ということや」と答えた。

「それやったら若頭を決めてくれますか」と宅見は畳み掛ける。中西は言葉に窮し、五分間の休憩をとった。休憩の間、宅見は岸本に念を押し、再開された組長会で強引に渡辺を若頭にしてしまった。中西組長代行、渡辺若頭の暫定体制ができた瞬間だ。

宅見は中西の「裏方でよい」という発言を言質を取ったと解釈し、文子姐さんにも報告した。姐さんが言う。

「また代行と頭か。揉めるんと違うんか。なんでまた代行と頭にしたんや」

「姐さん大丈夫です。中西からダメとってますがな。裏方になって自分は五代目にならん言うてます」

「今度は私は知らんよ」

「よう分かってます」

同じく山口組はその定例会において、年度の組指針を「信賞必罰」とした。言うまでもなく敵討ちに手柄を立てた者は栄誉が与えられるという意味で、今では考えられない殺傷奨励のスローガンであり、一和会との大抗争は避けがたい絶対的使命だった。

言葉通りに解釈すれば一番功績を残した者が五代目になると読めるのだが、内実は宅見と岸本で五代目は渡辺と決めており、他の直参はいくら頑張っても組長にはなれない。ちなみに山一抗争で一番手柄を立てたのは竹中四代目の出身組織であり実弟の竹中武が率いた竹中組で、二番が司忍の弘道会である。

山一抗争は未曽有の規模で全国に波及し、三年後の昭和六二年二月、双方の抗争終結宣言で一区切りがついたかにみえた。だが同年中に再発し、最終決着がついたのは平成元年三月一九日である。一和会会長の山本広が引退のうえ組の解散を表明し、東灘署に解散届を出した時点で死者も二五人に上り、我が国ヤクザ抗争史上最悪の惨劇となった。

その日の夜、一一時ごろ竹中武は渡辺に電話をしている。渡辺の山広引退工作を慰労し渡辺の五代目就任を了解するのではなく、不平、不満の限りを言い募った。渡辺はこの夜の電話を録音している。実弟の武には満足からほど遠い解決だったのだろう。その後山口組を出て行き、あくまで山広の命を狙うという人生を選択する。渡辺さんが私に言ったことがある。

「俺には武が五代目をやりたいと思てるとしか思えんかった。口では五代目は頭《かしら》がやってくれたらええと言いよったけど、俺のやることなすこと、いちいちケチつけよったもんな」

ところが武にすれば渡辺は跡目を取りたいという野心しかなく、政治的工作ばかりに走って極道本来の敵討ちを忘れている。つまり頭領の器ではないと言いたいのである。確かに宅見に説得されて五代目になることが脳裏を占めていたと思われ、「信賞必罰」のスローガンはどこか他人事だった。武と渡辺はサシで二度話し合いの席をもっているが、「あの時、人間の極限を見た」と渡辺さんは私に語ったことがある。

そして平成元年七月二〇日継承式の日、私は宅見さんの防弾仕様の大型ベンツに乗って神戸に向かっていた。式典は厳かに進行したが渡辺組長の心には武との口論が重く沈殿していた。

「あんたは器やない」と。

第二部

五代目山口組
平成前期
(1989~2005)

平成4(1992)年4月、暴対法による「指定暴力団」指定に係る聴聞会出席の山口組幹部。

右から後藤忠政、宅見勝。

1　空前のバブル経済と五代目山口組

†土建分野から不動産取引へ――フロント企業の跳梁

五代目山口組が誕生した直後の数年間は山一抗争勝利の余韻に浮かれ、バブル景気の恩恵に浸り、組員も膨張した時代である。ヤクザがマネーゲームの歯車に組み込まれ、金融機関から流れ出た国民の預金がヤクザのふところを満たすことになるなど誰も想像しなかった。

常設の賭場を開くのが博徒の本業であったが、ヤクザの仕事は一種のサービス業で、金になるならなんでもする。代紋を活かして大きな利権に絡み、相手を威圧して不公平な利を得るのがヤクザの基本である。土木建設や開発事業が主戦場だ。土木建設は騒音、振動など必然的に地域住民に迷惑をかけるので予算の中に住民対策費が計上される。基本はそれを取りにいくのだが、関連で下請け仕事を取りにいく、名義人に食い込んで下請けの采配をする、談合を仕切る、あるいは施工者側について地元のクレームを暴力で押さえ込むなど、とにかく大きな金が動くので、ネタはいろいろ考える。

土建分野は不動産取引とも密接に関連するので不動産分野にもシノギの場は拡がる。そしてバブル期はなんと言っても地上げが巨大な利得を組織にもたらした。ヤクザは公然たる組織であるがゆえに、大っぴらとはいえないまでも、フロント企業を使い表経済に暴力の手を突っ込んでいくことができた。

フロント企業という呼び方はアメリカマフィアの活動から来ており、平成二、三年頃から日本でも使われ出した。警察白書にも出てくる用語だが、狭義では資金を暴力団が出しヤクザがオーナーである企業を指し、オーナーが暴力団ではないが強い関係を持つ「企業舎弟」と区別する。しかし一般的には混同しており、フロント企業と企業舎弟の区別にあまり意味がないので平成一〇年頃以降はまとめて暴力団関係企業と呼ぶようになった。

近年は、フロント企業や企業舎弟ほど密接ではないが、ヤクザにくっついてその威力を利用しながら暴力的利権に与る仕事師、事件師などの半カタギを「共生者」と呼んでいる。いずれにせよ企業コンプライアンス意識が低次元な時、暴力団関係企業は活発に活動する。諸外国に見られる地下結社では暴力団関係企業が表経済に食い込むのは容易ではない。

フロント企業、企業舎弟、まとめて暴力団関係企業には多様なパターンがある。例えば山口組直営の会社（山口組関連不動産を保有する会社で私は顧問弁護士を務めた）や、同じく直営で二次団体に水、日用品を売る会社から、サプリ販売業、派遣型風俗業や三次団体組員の女房が経営する飲み屋のように小規模で家内工業的なものもある。

ヤクザ色の濃い会社もあれば、表向きヤクザの姿を完全に消した会社もある。警察白書で平成四年から同九年までの暴力団関係企業の業種別内訳を見ると、一番多いのが建設業、次に不動産業となっており飲食業、金融保険業、廃棄物処理業などが続いている。大きな開発プロジェクトや不動産取引に絡んでいくにはフロントなしでは難しい。表向きはそれぞれの業種のプロ（カタギ）が社長をしていることが多い。

ところでバブル景気とは一九八六（昭和六一）年から一九九一（平成三）年までの間だが、特に日経平均株価が最高値を記録した平成元年から平成四年までは日本中を好景気ムードが席巻した。株や土地が異様な高値をつけ、五代目山口組が誕生した平成元年には、山手線内の土地価格でアメリカ全土の土地が買えるほど地価が高騰している。

そもそもの発端は一九八五（昭和六〇）年のプラザ合意である。ドル高による貿易赤字に苦しむアメリカはG5諸国と協調して、ドル安に向けた為替協調介入をするとの共同声明を発表した。一ドル二四〇円だった為替相場が一年後には、円が一五〇円台まで急騰している。日本と西ドイツ（当時）がドル安政策のターゲットにされたのだが、これが山口組に史上最大の潤いをもたらすのだから世界経済は分からないものだ。

日本政府は円高ショックを和らげるため、内需拡大を図り公共投資を盛んにするとともに、日銀に公定歩合引き下げを促し長期にわたる金融緩和政策をとった。徐々に景気は拡大し、やがて金融機関の貸し出し競争はとどまるところを知らずの様相をみせ、狂乱のダブダブ融資が当たり前になっていった。銀行から吐き出された巨額マネーの受け皿は株であり、土地であった。表経済の歯車が狂い出すと満を持したように暴力団の出番が訪れる。

†土地投機という鉄火場への参入

土地は転売が繰り返される度に倍々ゲームの如く値段が釣り上がっていく。それは土地を投機のネタにしているだけで、いかなる土地運用をしようとも、とうてい投下資本を消化できない値段にまで上昇していった。それでも売買は繰り返された。土地投機は購入資金用の借入額を考慮すると、もはや価値が無いどころか大きなマイナス資産で、いつ暴落するやも知れない危険なババ抜きゲームへと変貌した。

その過程でこの不動産バブルは、賃借人やテナントを追い出すと、不動産価格が大化けする現象も生んだ。借地人、借家人を立ち退かせるため、窓ガラスを割り、借家人を脅し、犬猫の死体を投げ入れ、あげくに火をつけるということが、しばしば見られた。破壊されて見るも無残なビルや家屋が町中に出現したのである。

空前の地上げブームだった。地上げは少々の犠牲を出しても利益が巨大なので、充分採算がとれた。だから悪事が横行した。地上げの依頼は元をたどれば企業から金が出ていたが（その金は金融機関が融資しているのだが）、当時の企業コンプライアンスは低次元で、利益のためならヤクザを動かしてもあまり気にしなかった。日本のヤクザは街に堂々と看板を掲げ、あたりまえのように古くからあるので、使えるものならなんでも使うといったところだ。バブル時代の地上げほど暴力が金を生んだことは、それ以前にも以後にもない。

しかも脅しは大半がイメージであり、山一抗争でさんざん人を殺傷し建造物を損壊し、拳銃を撃ちまくった山口組は圧倒的に有利な立場だった。実際武闘派として売り出していた組には美味しい案件がいくつも舞い込んでいる。拳銃を撃つほどにふところは潤い、抗争は明らかに金儲けにつながっていた。

不動産バブル時代のシノギはテナントを追い出す地上げばかりではなく、地上げされそうな物件に占有をかけて居座る行為も、効率の良い金儲けになった。山口組でも特に高い座布団（地位、序列）に座っている親分が率いる組の組員が不動産を占拠すると、買い手は非常に高くつく物件と覚悟しなければいけない。そして組員が手にした大金はその多くを親分が吸い上げた。

私は親しかった宅見さんの招待で、平成三年の宅見組忘年会に出席したことがある。組員が二〇〇〇人もいた時代で名実ともに圧倒的権力者として君臨し、経済ヤクザの名をほしいままにしていた。忘年会会場の大広間は、端から端までが広大すぎて向こうがよく見えなかった。何か挨拶で喋ったが地鳴りのようなざわめきにかき消されて、誰も話を聞いていなかった。地上げ業者の社長連（いわゆる企業舎弟、フロント企業）も多数招待されていて、集まった祝儀は桁《けた》違いだ。

宅見組組員たちは翌日の事始めに備え、宴ほどほどに部屋に帰っていたが、私は不動産会社社長連の深夜バクチを見学しながら「寺箱の守り」をしていた。オイチョカブだが、とにかく張る金が半端ではない。忘年会に来るのに一〇〇〇万単位の現金を持ってくる人がいるのだから驚く。金を持っていない弁護士など、とても参加できず、ただただ現ナマが行き来する迫力に感激していた。私は五〇リットル入りのビニール袋を寺箱にして一万円札を放り込んでいたら、いつしか一杯になっていた。この金も親分にいくのだ。大物ヤクザの祝儀集めパーティーに祝辞を述べて徹夜賭博の寺師をしていたのだから、当然ながら弁護士会にバレたら確実に懲戒処分だ。

宅見さんはバブル期に最も成功した経済ヤクザのように言われる。そしてもう一人、東急電鉄の個人筆頭株主に躍り出た稲川会の二代目石井隆匡（進）会長もバブルの闇紳士のように言われる。実はこの二人は大変仲がよかった。宅見さんは亡き山健親分と代紋違いの兄弟分だった石井会長を、山健親分同様心から敬愛し慕っていた。私の居る前で気安く石井さんに電話をしていたが、口調が先輩に甘えるような口調だった。宅見さんが甘える相手など世の中に石井さんしかいなかったが、石井さんも優しく宅見さんを包容していたように思う。

渡辺さんを五代目につけるための実績づくり（信賞必罰の具現化、山広引退工作）でも随分世話になっている。

石井さんは政界、財界との交流も深く特に経済に明るい人で、進取の精神に富み、何より思考が柔軟だった。私がみても石井さんは本当に紳士で、およそ暴力団であることが信じられない人だ。宅見さんがバブルの波にいち早く乗ったのはたぶん石井さんの影響があるように思える。

†仕手筋と宅見若頭、イトマン事件

宅見若頭がバブル経済にどっぷりはまっていくきっかけは、親友だった岸本本部長が率いる岸本組の組員、池田保次だ。北浜の風雲児と呼ばれた仕手筋で、コスモポリタンというグループを率いていた。後に世間を騒がす許永中もコスモポリタンで修業していた。私も何度か池田氏に会ったが、よく喋る人で如才ない調子のいい物言いをする。彼の手がける銘柄に乗れば、簡単に大金が手に入る気になるが、宅見さんもいくらか儲けさせてもらって、最終的には人に言えないほどの大金をつぎ込んだと思う。池田氏は金のありそうな人間は誰彼なしに仕手戦に引き込んだ。

　余談だが後年私も株取引にのめり込むが、原因はこの頃にあった。人為的に動かす仕手株のダイナミックな値動きを体験したら脳髄がしびれて真人間ではいられなくなる。大きい声では言えないが、仕手株を空売りして四か月間で税引後の純利益が三億円を超えたことがあった。その利益で私の事務所ビルと立体駐車場を買ったが、さすがにこれは世の中間違っていると思った。ただし私の株投資の末路は、寂しい団地の一人暮らしという現在を招来し、非常に後悔しているといったところだ。

　池田氏は昭和六二年のブラックマンデーで資金繰りを悪化させ転落の道へ転げ落ちてしまうが、その時手元に残ったのが彼が経営権を得ていた雅叙園観光の株で、仕手戦で売り抜けに失敗し保有したままになっていた。この会社の断末魔の使い道として、二六〇億円相当の融通手形を発行し、許永中とともに手形を金に換えた。闇紳士のエースと呼ばれた伊藤寿永光氏も雅叙園観光の仕手戦に投資して二〇〇億円を焦げ付かせていた。昭和六三年コスモポリタンは破産し池田氏の姿が消えると、宅見組に殺されたという噂がたった。

　私はそれはないと思うが、融通手形を乱発された雅叙園観光がどうなったかというと、その後許永中から伊藤寿永光を経由し大阪の中堅商社イトマンが面倒を見ることになっていく。伊藤氏はイトマンの河村良彦社長から絶大な信頼を受けていて、このことが「戦後最大の経済事件」「闇の勢力に数千億円が流れる」と言われ、日本中をゆるがす経済スキャンダル事件に発展したのだ。まるで暴力団が表経済を支配したかのように大層な騒ぎになった。

闇の勢力とは宅見さんのことだが、数千億円はオーバー過ぎる。基本的にイトマンから出た金が宅見さんの懐に入っていたという構図はない。確かに伊藤さんは大きな地上げやゴルフ場開発をやっていたが宅見組が乗り出したという事実はない。当時の記録を見ても脅迫、強要、建造物損壊、逮捕、監禁、拳銃発砲というそれらしい痕跡はないはずだ。暴力団としての仕事もしないで二〇〇〇億円もらえることなどありえない。それに伊藤さんは仕事上、便法として宅見組の名を使ったこともあったのだろうが、宅見組のフロントでも企業舎弟でもない。

イトマンとしては巨額の投資をして伊藤さんに任せた地上げやゴルフ場開発が結局ことごとく頓挫しているので、巨額の損失が出たことは分かる。でもバブル時代といえども素人のイトマンがそんなあぶない分野に手を出したのがそもそもの間違いで、見通しの甘さはよくあることだ。

ただ宅見さんが伊藤さんと親密な交流があったことは事実で、私も昭和六〇年には宅見さんの紹介で東京・八重洲にあった伊藤さんの事務所でお会いし、ある用事を頼んでいる。伊藤さんとは出所後にも最近電話でお話ししたが、宅見さんも秀樹さん（西城秀樹さんのこと。元々伊藤さんは秀樹さんを応援しており、その縁で秀樹さんの実姉の夫同然である宅見さんと親しくなったと理解している）も亡くなり、お互い歳をとって、イトマン事件も風の如しの感がある。

宅見組長とバブル経済の関連では、平成二年宅見組内東生会によるクラボウ株の買い占めがよく噂に出る。一五〇〇万株買い占めの資金二〇〇億円を宅見さんが出したようなことも言われるが、あれは名義を貸しただけで、お金は出ていない（末野興産が集めた株らしい）。市場での売り抜けが出来なかった株を会社側に引き取ってもらうため、山菱の代紋を使った。売却交渉は成功したが「暴力団による買い占め」が報道されて社会問題になり、買値を下回って売ったとのことだ。が、仕手戦の焦げ付きは常にあることで、池田保次氏も許永中も伊藤さんもそれで歯車を狂わせている。クラボウで名義を貸した東生会に損はなく、いくばくかの謝礼が入ったと思う。

†ヤクザが最も金を握った時代

バブル経済は平成三年には終わりを告げるが好景気ムードは翌年まで続く。平成元年の五代目誕生から抗争多発を経てバブルの終焉までが、史上ヤクザが最も金を持った時代である。平成元年時のヤクザ全体の年収は一兆三〇〇〇億円と言われ（溝口敦著『暴力団』より）、当時のヤクザ人口八万六〇〇〇人で割ると一人年収約一五〇〇万円になると推計された。

山口組について言えば警察庁が平成元年時の収入だとして年間八〇〇〇億円と発表した。米国経済誌「フォーチュン」は七〇〇〇億円と報じ、ロシアンマフィアに継いで世界二位だとしている。山口組の構成員数二万七七〇〇人（平成元年当時）で割ると、一人二五〇〇万円から二九〇〇万円になる。いずれにしても私はかなり多すぎると思う。当時にしても持っている親分衆が持っているだけで、枝や葉っぱまで年収一〇〇〇万円を超えるなんてありえない。ちなみに枝、葉っぱというのは二次団体、三次団体の平組員（時として四次団体）のことを呼び習わした言葉だ。以下の記述でも使うことがあるので覚えてほしい。

宅見さんが何千億円持っていたとか、「トラック一杯分のゼニを運んでくる」と言ったというのもオーバー過ぎる。何千億どころか何百億ですら持っていない。山口組の若頭として毎月かなり経費がかかり、「五〇〇〇万円くらい要る」と言っていたこともあるが、同業者・団体との義理や付き合いの必要経費であり、宅見さん個人の懐から出ていたわけでもない。

宅見さんの言葉を借りれば、「若頭は誰よりフル回転し金もようけ使わな周りがついてこん」「昔から山口組には金がない。義理や放免祝いに消えとる」ということになる。

宅見さん亡き後、遺族の方とは現在でもお付き合いしているが、世間で噂されたようなことはありえないと言っており、私もそう思う。

とはいえ、民事介入暴力（民暴）的シノギは平成元年当時に頂点を極めており、この頃のヤクザが一番金を持っていたのは間違いない。

平成二年から三年にかけて警察庁が新しい法律（暴対法）を作るため、民間の調査機関に委託して集めたアンケート調査がある（かなり示唆に富むので何度か引用するが、以下「警察庁アンケート調査」という）。

民間人に向けたアンケート調査では政令指定都市を中心に全国一六都道府県の住民から無差別に三〇〇〇人を抽出して意識調査をしている。暴力団のイメージについての質問では暴力団とは「一位・あくどい」「二位・虚勢を張っている」「三位・金回りがよい」となっていて、一般市民からもヤクザは金を持っているとみられていた。

暴力団＝金満ヤクザのイメージはこの時代につくられた実像でもあったが、現在は組会費を滞納する親分すら珍しくなく、今では虚像に過ぎなくなっている。

平成末の山口組では、直系組長が集まる席で「（振り込め詐欺などの）特殊詐欺に関わらないように」と傘下組織に呼びかけがなされる有様で、新興勢力の半グレと競合している地域では生き残りのための共存が模索されている現実がある。

民暴はおろかヤクザ本来のシノギがいかに枯渇しているか、隔世の感がある。

2 民暴が激変させた社会環境

†民暴バブルと山口組

バブル経済に食い込んだヤクザのシノギは民事介入暴力（以下、民暴という）の一形態と言えるが、日本のヤクザを語る時、民暴なくして説明することは出来ない。そもそも平成四年施行の暴対法の主眼は民暴対策のために出来た法律で、この法律以降暴力団排除の風潮が高まっていった。つまり民暴が国民に嫌われたことがきっかけとなってヤクザは排除されていくことになる。

民事介入暴力という用語は昭和五四年に警察庁が暴力団の資金源のうち特定の態様について使い始めた実務上の用語である。伝統的資金源（賭博、売春、覚醒剤など）に比べヤクザの新しい職業分野で、以前は知能暴力と呼ばれていた。昭和三〇年代から見られるようになり、昭和三九年の第一次頂上作戦以後知能暴力（のちの民事介入暴力）が大きな広がりをみせる。

山口組では昭和三〇年代に開拓された分野で、その先駆者として成功を収めたボンノこと菅谷政雄はヤクザのスタイルをも変えた。海外の一流ブランドに身を包み、高級外車に乗る風潮を作ったのは民暴に手を広げてからである。後に菅谷は田岡親分から絶縁されているが、岸本さんが私にこう言ったことがある。

「菅谷はお金の力を知ったな。金に目覚めた極道や。がむしゃらに金儲けして組員を二〇〇〇人にまでしよった。金が全てになり金さえあればなんでもできると思とったね。義理人情を忘れよった。親分はこれを嫌ったんやな。ヤクザというたら金のないのが当たり前で、昔のヤクザは寄せ屋やな。文子姐も菅谷を組に置いといたらあかんという意見やった」

暴力を商売道具に使うのがヤクザだが、暴力と利権が結びつくと巨額の利を生む。山口組では宅見さんもそうだが、後藤忠政さんも時流に乗って成功した人だ。大阪には北新地という歓楽街があるが、平成四年頃まで私もよく宅見さんの秘書の方とご一緒した。ヤクザ入店歓迎のクラブでは着飾った親分衆のオンパレードで目がくらんだものである。

民暴ヤクザの皆さんは体中に高価な装飾品をまとい、それを高級ホステスたちが褒《ほ》めちぎる。ほとんどがブランドの話で私は付いていけない。同行の秘書の方もロールス・ロイスで店に乗りつけ、時計、ブレスレット、ネックレスほか身につけたものを合わせると上代価格三億円分くらいはまとっていた。しかもいい香水の匂いをさせ、現金をばら撒くのだから格好よかった。東京弁で喋るヤツもいれば、「ようけゼニ使わせやがって、お前一発やらさんかい」しか言語を持たないヤツもいた。とにかくあのころのヤクザは金を持ってないと顔を上げて歩けない。圧倒的にカネの力が幅を利かせていた。

民暴に関しては、前述したイトマン事件ほか世間を騒がせた大型経済事件がいくつもあり、バブルの時代を象徴する。元はヤクザの基本的シノギである債権取り立て（キリトリ）が始まりであるが、土木、建築などの正業分野から暴力要素が肥大化して開発された民暴もある。やがて職種を広め、高利金融から倒産整理、不動産の占有から競売屋、交通事故示談や民間トラブルへの介入、ついには不動産取引や証券取引、仕手戦の黒幕にいたるまであらゆる民間経済活動に暴力の手が延びた。昭和五六年の商法改正で下火になる総会屋もこの分野の住人であるが、元々は別の業界だったといわれている。

民暴はまた代紋と座布団（地位・序列）が威力を発揮する分野でもあり、ステテコとダボシャツの博徒をロールス・ロイスに乗る闇の紳士へと変貌させた。ヤクザが賭博、売春、覚醒剤の領域を越え、民間経済へと浸食していったわけだが、業界ではスマートで格好良いと評価される。

宅見さんが言っていた。

「ワシら若い頃不動産謄本読むやなんて、考えられんかった。そんな頭あるやつおらんがな。それが今はちょっと（才に）走った奴やったら不動産謄本読みよるもんな」

学校にも行ってないチンピラも、表経済についていくため懸命に勉強したのだ。

民暴は本来、自由経済であるべき対等な取引を暴力＝代紋の威嚇力でゆがめるもので、暴力を使う側に不当な利益を生み出す。利用する側の民間人や民間企業のコンプライアンス意識が低い時に花と咲く。民暴の隆盛は、ヤクザが社会に公然と存在していることと深い因果関係がある。

民暴の中でも交通事故の示談屋、競売屋、倒産整理、総会屋などは社会問題になり法整備と意識の高まりで今はなくなった。それに比し企業対象暴力や行政対象暴力が増えた時期もある。また民暴は警察の天下り先を開拓し、弁護士業界に民暴対策を営業品目にするという予期せぬ利権も生んだ。

平成初期、五代目誕生直後の山口組はバブルに酔いしれた豊かな時代だったと言えるが、岸本さんが菅谷さんを否定的に評した「金に目覚めた極道」の台頭により、ヤクザが本来の「寄せ屋」(屑屋)としての在り方から急速に変質を遂げていく時代でもあった。

†暴力至上主義

五代目初期の二つ目の特徴は、暴力至上主義の横行だろう。山本健一亡き後、竹中正久を担いだ若き後継世代は情熱のおもむくまま四代目政権を奪取するが、まさか当時のスター極道を並べたあの一和会が、山一抗争での完膚なき敗北を経て消滅するとまでは誰ひとり予想していなかった。

新生五代目山口組は一和会消滅・抗争完勝の余勢を駆って、本来の体質である好戦的傾向をむき出しにする。折しも地上げで得た巨額の資金が強い山口組に流れ込んでおり、勢いにブレーキをかけるものは何もなかった。日本各地で抗争を引き起こしていく。

平成元年七月、渡辺が継承式を行った同じ月に、山一抗争最大の功績者でありながら渡辺五代目と対立し山口組を離脱した竹中武の竹中組事務所が銃撃を受け、「山竹抗争」開戦の火ぶたが切られた。そして「みちのく抗争」「札幌抗争」「八王子抗争」「山波抗争」へと戦線は拡大していった。それらは山口組の下部組織の抗争から本抗争に格上げされ、やる気のある直参はこぞって参戦した。嬉々として拳銃を撃ちまくり、武闘派というネーミングがつくと、地上げのよい仕事が回ってきた。

この頃の日本極道社会は抗争多発による再編のうねりに見舞われ、テキヤ団体をターゲットに草刈り場となった東北・北海道をはじめ各地の独立組織は広域組織傘下に加わらなければ生きていけない環境になっていた。

渡辺五代目が誕生して間もなく、山口組では抗争に功績を残した者を表彰することにした。本抗争参加者のなかでも顕著な功績には直参への道が開け、将来幹部、執行部、代紋頭への夢がつながっている。

バブル華やかなりし頃とはいえ、シノギが出来なくて、食うに事欠く組員は必ずいる。第一そんなに器用に世の中を泳げる人間ならヤクザにならなくてよかったわけで、ヤクザになるのは社会に付いていけないからなっている。山口組がここまで讃えてくれるなら、食えない奴は拳銃をもって走るしかない。そうでないといつまでも下っ端で、男一匹、たった一度の人生を生涯芽の出ることもなく、沈没したままで終わる。なんのためにヤクザになったのか分からない。体を張って階段を上ってこそヤクザなのだ。そう考える組員がいくらでもいた。

なお暴対法が平成二〇年に改正され、服役者への「賞揚の禁止」が追加された結果、今は抗争での功労者に金品を授与したり地位を与えたりすることは出来なくなった。

†記憶に残る抗争　八王子抗争

この頃の抗争で私の記憶に残っているものがある。八王子抗争などは宅見組の戦争で、若頭の力量がためされるテストケースでもあり、宅見シンパというべき直参連がどっと応援に入った。

事件の概要は平成二年二月、八王子市内のパブで地元の二率会《にびき》系組員と宅見組系組員が口論となり、二率会側が宅見組系組員二人を殺してしまったという内容だ。同月一七日の告別式には宅見若頭や倉本広文若頭補佐ほか直参多数も参列し、もののしい葬儀になった。本格的な報復は葬儀後になるが、すさまじい攻撃だった。宅見組は東京入りした入江禎若頭の陣頭指揮で多数が都内に潜伏したが、応援部隊を入れると二八団体、一五〇人の襲撃要員が集まった。新幹線で襲撃隊が乗り合わせることも頻発し、さながら連れだって八王子へ撃ちに行っているような有様だった。

二率会事務所や幹部宅への発砲、ダンプ攻撃は普通として、警戒中の覆面パトカーへの発砲や米国人女性宅への誤射も含め、一〇日間で二人射殺、二〇件の発砲があった。八王子の町は警視庁による一二〇〇人の警察官動員で、さながら戒厳令下の様相を呈した。東京の市民は、関西ヤクザに呆れるとともに、改めて山口組の無軌道ぶりを知ることになる。騒ぎを起こしている側の内実は、宅見さんには日々の成果が現地東京から刻々と報告され、応援部隊で結果(殺人、傷害)を出した組には、出所後の放免祝いは別として、直ちに相当の謝礼をしていた。

八王子では、祭り騒ぎにも似て、どこの組がどれだけ動いているのかすら分からなくなっていた。一つのターゲットに複数の襲撃犯が襲い掛かるものだから相手も蜘蛛の子を散らすように逃げる。各組のヒットマンは手打ちになる前に結果を出さないと、アゴ、アシ自己負担で報奨金に与《あず》かれない。撃ちやすければ誰でもよくなってしまった。ゆるい時代と言えばそれまでだが、この抗争をきっかけに山口組が東京へ進出することになる歴史的な転換点となると同時に、皇居と警察庁のお膝元である首都での騒乱が法務官僚をして、後述する暴対法立法化を急がせた面も否定できない。

†山波抗争と「最後の博徒」

山波《やまなみ》抗争も私にとっては忘れられない抗争だった。印象を一言でいうと、寄ってたかって袋叩きにする態《てい》で、皆で拳銃を撃ちまくった。このころは平成の終わりころとはまったく違って、皆が喧嘩で一花あげたくて血気盛んだった。勢いに乗った山口組をみていると、広域組織傘下に入らない一本独鈷の独立組織が渡世を張るのは難しいと感じる。山口組の総攻撃を受けたら弱小組織は持たない。

山波抗争の原因は弘道会と波谷《はだに》組との間での組員の引き抜きで、ヤクザ業界ではしょっちゅう起こっている問題だ。平成二年六月二八日、福岡市内で組員を引き抜かれた波谷組組員が弘道会系組員を射殺したのが始まりである。愛媛県と大阪市内で相次いで発砲があり、一人が重傷を負った。早ければ早いほどよいという焦りに駆られた闇雲な発砲が頻発し、ついになんの関係もない一般市民まで誤って射殺してしまった。被害者の通夜に私が渡辺組長の代理として一〇〇〇万円の香典を持っていくことになったのだが、行く前に大阪府警の四課に電話をして断りを入れた。多分課長さんだったと思うが、こう言った。

「先生、そんなゼニ持っていくより、犯人出す方が先とちゃいまんのか」

まったくそのとおりだと思った。渡辺組長が痛く心を悩ませているので、慰謝の気持ちを伝えてほしい、という宅見さんの依頼だったが、そもそも最初に見境なく拳銃を撃つ方が間違っている。その夜の私は被害者の方に相手にしてもらえずスゴスゴと引き上げたが、現場にテレビ取材のクルーが一組残っていて、私の姿が映され報道された。

そして私の香典を届けようとした行為が後に、組長の「使用者責任」の理論を生み出すことにもつながっていく。

暴力団抗争における組長の責任を民法の使用者責任論で認定するなど法解釈的としては突拍子もなさすぎる。抗争が事業などとは、当時は考えもしなかった。しかし犯人不明のうちからトップの渡辺組長本人が認めているのだからどうしようもない。後述するが、最高裁判所による使用者責任肯定のお墨付きが出てしまい、渡辺組長は五代目の地位も失うことになる。

抗争相手の波谷《はだに》組波谷守之組長は映画にもなった正延哲士著『最後の博徒』のモデルとして知られた浪速極道だ。私も北新地でご一緒したことがあるが、和服を着て物腰も柔らかく、穏やかな物言いの人だった。ただ意地というか、ヤクザ根性は相当強い親分で、相手が山口組であろうと絶対引かないところがあり、抗争は長引いた。そんな波谷組長の死に際は拳銃自殺という壮絶な人生だった。この山波抗争では後に任俠団体山口組を立ち上げた織田絆誠《よしのり》組長が倉本組から参戦し、懲役一二年の刑を食らっている。受刑中に井上邦雄組長と面識をもったことが現在に繋がっている。

弘道会は幾多の抗争を重ねた筋金入り軍事集団で、ヤクザの世界では誰からも一目置かれる。山一抗争でも功績は突出していた。山波抗争の相手、波谷組長が映画で有名な伝説の極道であることなどおかまいなし、イケイケの実力行使はしかし一般人誤射殺を生んでしまった。犯人不明がつづき、国のヤクザ政策に少なからぬ影響を及ぼしていると思う。

3 ヤクザ社会を変貌させた「暴対法」

†激変の始まり

ヤクザ社会激変の始まりは暴対法だった。これはかつてなかった新種の法律で、非常に多くの教訓を含んでいる。日本ヤクザがどうあるべきかを知るためにも、もう一度しっかり成立の経緯や法律の構造をみてみよう。

平成元年にはヤクザの間でも新しい法律ができるのではないかとの噂が出ていた。その年の警察白書の「今後の課題」という箇所に「今後は……外国法制も参考としつつ、暴力団の壊滅をより効果的に実現するために必要な法制度の整備についても積極的に検討していかなければならない」と明確に記されている。何故そういう動きになったのかが極めて重要である。

第一に山口組、稲川会、住吉会の三団体による著しい寡占化だ。昭和五五年から平成二年までの暴力団勢力推移状況のグラフ(警察白書)を見ると、昭和五九年から三団体の寡占化が急激に進行している。山口組でいえば分裂から山一抗争、五代目誕生後の抗争多発時代にあたる。やはり抗争は「寄らば大樹の陰」的な心理状況を独立組織に芽生えさせている。

警察庁の見解では「このような寡占化は、暴力団が必ずしも脅迫等の手段によらずとも、その名前を告げるだけで相手を威嚇する威力を増大させ、暴力団はこの威力を用いて、脅迫、恐喝、暴行等の犯罪にならない形で資金獲得を広範に展開し始め、市民や企業に多大の害悪を及ぼすようになった」という。

警察白書の「民事介入事案の相談受理及び検挙件数の推移」(昭和五六年〜平成二年)を見ると昭和六〇年から相談、検挙共に件数が増大しており、ピークの平成二年で、相談受理二万五〇〇〇件、検挙三〇〇〇件になっている。これは警察が覚知したものだけだから暗数は約四倍、即ち一〇万件くらいになる。六年前の昭和五九年では相談受理一万二〇〇〇件、検挙一八〇〇件だったから大きく伸びている。山一抗争をはじめとする抗争多発と民事介入のシノギ増加、そして金満ヤクザは間違いなく関連している。

「名前を告げるだけで相手を威嚇する威力」とは、即ち山菱の代紋の無言の威嚇効果を指している。組長の務めとして「代紋を磨きぬく」と述べたが、組としてはこの効果を狙っているわけで、バブル時に最大の成果をもたらしたのは前述した。

†警察庁のアンケート調査

現場はどうなのかについて、東京の例だが先に引用した平成三年「警察庁アンケート調査」を見てみよう。新宿歌舞伎町と港区六本木のスナック、バー、キャバレー、パチンコ店等一五〇〇店からの回答だ。

何らかの被害を受けた店が四三パーセントあり、内容は物品販売（門松、パーティー券、額、興行券等）、リース料（オシボリ、額、植木等）、みかじめ料等になっている。七五パーセント（四分の三）の店が警察に被害届を出していない。理由は「届けても仕方がない」「犯罪の被害ではないと思った」「被害がわずか」「仕返しが怖い」等となっている。要するに警察は被害が出たら動くが、それ以前に脅されていても商売を守るための用心棒はやってくれないと思われている。

相手が暴力団と分かった理由は「本人が名乗った」というのが一番多く「名刺を出した」や

「仲介人の言動」などで、やはり全体として組織名を告げている。抗争で武闘派と称されると、シノギはやりやすくなる。

アンケートでは、被害をなくすため新たな法律が必要か、の問には七四パーセントの店が必要と答えている。

一般企業に対するアンケート調査もみてみよう。対象企業は約三〇〇〇社だ。暴力団もしくは総会屋から被害をうけた企業が四〇パーセントあり、内容は「機関紙（誌）の購読」「広告の掲載」「寄付金、賛助金の要求」「製品やサービスの欠陥に対する示談金の要求」等で、新法を作る必要性については六五パーセントの企業が必要としている。これらのアンケートで警察庁は犯罪になりにくい形での資金獲得活動が市民社会に浸透していると判断した。

昭和三〇年代に開発された民事介入暴力は昭和五〇年代以降ヤクザの主要なシノギとして成長を続けた。弁護士会などが民暴被害に対応してきたが、一般市民からも、警察による新たな取り締まり手法の確立が望まれるようになっていた。「民事不介入」という口実で、暴力団被害にそっぽを向く警察が批判の的となっていたのだ。暴対法以前は通報で警察が駆けつけても暴力団から「警察は民事不介入と違うんか」と食ってかかられることがままあったのである。

†新しい法律制定の根拠

警察としてもヤクザの民暴的シノギに介入できる新しい法律を作るべきとの意見が台頭しており、国民意識と警察の思いが合致したのである。バブル期に暴力団が絡んだ大型経済事件などが報道されると、新法は急ぐべきとの見解が支配的になっていく。

さらに新法制定が必要とされた理由は抗争の多発である。山口組だけでも史上最大の山一抗争から山竹抗争、札幌抗争、八王子抗争、山波抗争等々、しかも拳銃使用が当たり前になり市民が巻き添え被害に遭う危険性の増大は、もはや猶予がならないと考えられた。

そんな折りも折り、平成二年一一月、山口組とは全く無関係の事件であるが、沖縄で高校生が抗争の巻き添えで射殺され、さらにその翌日、車両で警戒中の警察官二名が射殺された。そして通りがかった主婦までが左足を撃ち抜かれるという放置できない事件が起こった。

弁解の余地なし、新法制定待ったなしの機運が一気に高まる。平成三年国会に提出された法案は、非常に短い審議時間にかかわらず全会一致で成立するのである。四面楚歌、誰一人反対する者もおらず、国民感情は反暴力団一色に染まった。巻き添え殺人がもたらした世論形成に違いなく、一般市民もヤクザ同士の殺し合いは報道、あるいは脚色された映像作品などを通して娯楽として楽しむ層もあるが、一たび被害が民間人や警察官に及ぶと強い反暴力団感情となり強烈な反動が生まれる。

こうして出来た新しい法律が、民暴と抗争の抑止を主眼と定めたのは当然の仕儀であった。

†暴対法はヤクザの公然性を認めている

それではどういう法律か概略を説明しよう。

一言でいうと非常に変わった法律である。新法制定委員は外国の法制度を深く研究しているが、外国の組織犯罪集団と日本の暴力団は違っており、最終的に外国の法律を真似していない。暴対法は日本独自の法律である。圧倒的な国民感情の支持を受け暴力団を制圧する法律をつくることもできた社会状況であったにもかかわらず、公然と存在する暴力団をその公然性のまま認めている。

ヨーロッパでは組織犯罪集団を結社することも、構成員になることも禁止し、それだけで犯罪になる国がある。日本では、結社罪は憲法違反になるとの批判を考慮して作れないとの解説もあったが、暴力性を本体とする暴力団は、組織維持の過程で必然的に暴力沙汰を多発させる。抗争においては、殺人、暴行傷害、拉致監禁、建造物損壊等の違法行為を暗に奨励し、賞与を与え、地位を上昇させることがある。反社会的勢力として公共の福祉に反すると断定し、一足飛びに解散させる道を選択しても国民の納得を得られた可能性は高いと思うが、新法はそれをしなかった。公然たる暴力団の組織をそのまま温存させたのだ。

顧問弁護士としての私の立場はヤクザ側のいわば守護者なので、一気に解散して、明日から地下に潜るのは非常にきついところだったが、そういう意味では助かった。一息ついて考えるゆとりが出来たし、国はやはり暴力団を地下に沈めようとしていないのではないかとの期待も持てる。日本ヤクザは一つの伝統文化の側面を持っており絶滅させるに忍びない。ヤクザ側も地下に潜って、ただの犯罪集団になるのはどうしても嫌なのだ。ヤクザ組織は世をスネた者にも居場所を与え、実力でのし上がる夢を残しており、地下結社たる犯罪集団のボスにはない、ある種の社会的名誉がある。ヤクザ業界に入門するのは渡辺組長、司組長がそうであったように向上心の実現として身を投じるということがある。それも大切なモチベーションである。

公然たる地位から追いやられて闇の集団にならないためならどんな我慢でもする。またヤクザが社会の役に立っていることもある。ヤクザは世の中に適合できない異分子を力で型にはめて、曲がりなりにも社会に適合させている。学校で手を焼く暴れん坊の不良息子を「一人前にしてほしい」と地元親分に預ける親がいたのは事実で、民族派の故・野村秋介氏が倅さんを後藤組・後藤忠政組長に預けた逸話は有名である。これは国も民間も誰にもできない仕事なので、少しは評価されてもいいいと思う。

結社罪を作って日本中の暴力団組織を解散させることはたやすい。それを壊滅というならことは簡単だ。しかし、それで暴力団の扱っている犯罪が世の中からなくなるかといえば、それは大間違いだ。例えば覚醒剤を例に取ると、統制のとれた組がなくなった方が純粋な犯罪集団にとっては仕事がやりやすい。もちろん薬物を扱う連中は組織化した犯罪集団として成長するだろうが、日本は欧米等先進文明国の中では薬物の蔓延度が低い。禁止するヤクザ組織が多いからだが、組織のたががはずれれば潜在的な需要はまだまだ掘り起こせる。暴力団が解散しても需要があるかぎり、薬物犯罪はなくならない。

†暴対法の特異性

暴対法の正式名称は「暴力団員による不当な行為の防止等に関する法律」であり、不当な行為とは、主として民事介入暴力的シノギのことを指している。犯罪として立件しにくく、被害が一般市民に及ぶような民事的シノギの制圧が、この法律のメインと言ってよい。警察に民事介入の根拠を付与する法律だ。

ところがそれならそれで、すっきりと暴力団の民事介入暴力を禁止すれば良いのに「注意して行政指導をする」のだという。ヤクザのシノギを行政指導するなんて本当に警察の仕事だろうか。法律では一応公安委員会が命令の発出主体になってはいるが、実際判断しているのは警察だ。「やめときなさい」と命令書を送って、それでも言うことを聞かない時に罰則が科されることになっている。警察が暴力団のシノギの指導係をするのは何か変だ。警察は暴力団を捕まえるのが仕事ではないのか。教育係みたいな役割を与えたら癒着のもとにならないのか。小学生に交通指導をするのとはわけが違う。

このぬるま湯のようなまどろっこしさは一体なんなんだろう。例えば法で定める不当要求行為の中に「人に寄付金、賛助金を要求すること」という行為がある。寄付金を要求してきたら、「やめなさい」と指導して、やめない時に罰則を科すわけだが、最初から「暴力団員が威力を利用して寄付金を要求したら三年以下の懲役に処する」でよいはずだ。

そこまでして暴力団のシノギに理解を示す必要がどこにあるのか。絶対に外国の組織犯罪対策担当者に理解してもらえない。日本ヤクザの公然性を温存させようとするから非常に分かりにくい独特の法律になった。立法の中心を担った法務官僚のなかに、「ヤクザを潜在化させすぎるのは社会的見地からいって得策ではない」という留保がまだ存在していたのだろうか。

私も平成三年に山口組組員を集めて新法の講義をした弁護士だ。あの時は「事前に中止命令が送られて来るので、いきなりパクられずに済んで、いいんじゃないですか。中止命令が来たらやり方を工夫するか諦めるか、決めたらいいんです。中止命令の段階でパクられることは絶対ないのです」と説明した。

†暴力団専用立法の持つ意味

ところで平成二年、「警察庁アンケート調査」は主人公である暴力団組員に対しても行われている。警察庁が全国の主要な道府県警に依頼して逮捕、勾留中の被疑者四五三名から聞き取ったものだ。収入確保としての暴力団活動はどのようなことをしていたかの問に、次のように回答している。

債権取り立ては回答者の六〇パーセントがしていた。同じく、みかじめ料徴収は四五パーセント、示談立ち会い三七パーセント、薬物取引三一パーセント、賭博二八パーセント等と続いており、暴対法が規制する不当要求行為の割合が確かに多い。

暴対法は我が国で初めて暴力団に対してだけ適用される法律として成立した。この意義は実に大きい。本当に「暴力団に対してだけ」ということを国民が信用すれば、どんな無茶なことでも書き加えられる。ヤクザ向けの法令で反対意見が出るのは、他の団体や一般市民に適用される恐れがあるケースに限られ、真実ヤクザ専用なら「八つ裂きにして血祭りにあげろ」くらいのノリでも賛成される傾向がある。ヤクザを必要悪と考える人は年々減少し、現在ではほぼいないだろうからだ。

暴対法は初めて法律上「暴力団」を定義した。これが非常に大きな意味があった。例えば「暴力団員は飲食店に対し理由なく金品を請求してはならない」「暴力団は携帯電話を購入してはならない」「暴力団は公衆浴場に入ってはならない」「暴力団は三人以上集まって話をしてはならない」「配送を業務とする者は暴力団の荷を扱ってはならない」「暴力団が近隣に借家をしたことを知った者は、速やかに警察に届けるよう務めなければならない」など、その気になれば暴力団という法律上の身分を使って法規制がかけやすい（例示した規制の多くが、いまでは「暴排条例」によって現実のものとなっている）。我が国では暴力団が初めて一般人とは別枠の人間とされた。差別的扱いをするのに暴力団という枠を作ると大変便利である。

†暴力団という新人種の定義

暴力団の概念作りと暴力団専用の法律は、法による保護に値しない「新人種」を作り、特別扱いへの道筋をつけた。一般市民にそんな規制をかけたら人権侵害だが、暴力団なら反対されない。ひどい差別に違いないが、それが嫌なら暴力団をやめなさい、となる。暴力団側は「やめるくらいなら、最初からヤクザやってない」とすごむくらいが関の山である。

暴力団の定義をみると、暴力団とは「その団体の構成員が集団的に又は常習的に暴力的不法行為等を行うことを助長するおそれがある団体をいう」と定義されているが、分かりやすく言うと、まず「暴力的不法行為」とは、ヤクザが行うシノギのことで、それを集団的に、常習的にやりやすいよう助長している団体のことだ。そこで助長しているとはどういうことか。三条にこう書いてある。

「暴力団員が当該暴力団の威力を利用して生計の維持、財産の形成又は事業の遂行のための資金を得ることができるようにするため、当該暴力団の威力をその暴力団員に利用させ、又は当該暴力団の威力をその暴力団員が利用することを容認することを実質上の目的とするもの」

輪をかけたように分かりにくいが、要するに、組員が看板でメシを食うことを認めてやるということ、即ち暴対法の暴力団とは代紋の使用を許可する許可庁か、免許証発布の家元のようなもので、暴力団自体は違法行為を行う主体ではない。ただこの定義は民事介入暴力のことが頭にありすぎて、代紋の威嚇力とそれによる金儲けしか書かれていない。代紋の威力に関係ない窃盗、強盗、詐欺をシノギにするグループは暴力団ではなくなってしまう。それとヤクザというのは金儲けではなく、本来生き方のことなのに、暴対法は金儲けしか要件にしていない。かなり偏っている。

もうひとつ、私が常々疑問に思っているのは構成員の「前科者」比率だ。社会一般にある幾多の集団に比べて、前科者が異様に多い団体が暴力団だと言っているのだが、まず一度刑に服して務めを果たしており、更生が期待される前科者が社会復帰して不利益な扱いを受けることは本来あってはならないことだが、その前科者の多寡を基準にするなど人権感覚からして変だ。それに暴力団の下の方は出入りが激しく実情は構成員の名簿など確定できない。暴力団はある意味、砂上の楼閣、それも「砂の器」のような流砂上の楼閣だから、前科者比率を割り出す分母が不明なはずである。

組員数を水増しして申告することもよくある世界で（どの組とは言わないが、最近出来た組の執行部への水増し申告はエグい）、全体の正しい数字は分からない。公安委員会の名簿がどうなっているのか知らないが、いずれ暴対法も全体の構成員数不明で、機能しなくなる。全体が分からなくても、幹部だけで判断するという便法も定めてあるが、公平を欠くし、そもそも幹部がどの範囲を指すのか疑問も残る。

世界に例のない我が国初の試みである暴力団専用の法律は、平成三年に成立し平成四年に施行された。山口組執行部（指導部）も内容は判然としないまま、大きな危機感を抱くことになる。

では、暴対法制定前後のヤクザ側の動きと、肝心の暴対法の効果はどうだったのか。

山口組が新法に備える

警察庁が新法の骨子を発表したのが平成三年二月二六日である。山口組顧問弁護士の私が大阪府警に逮捕されたのが直前の二月二一日だった。暴対法制定キャンペーンのアドバルーン第一号だ。その時私は全く気付いてないが、警察にとっては逮捕する値打ちが十分あった。大阪府警は私を逮捕した功績により、その年の警察庁長官賞を受賞しているほどである。

私は『悲しきヒットマン』の映画化などで当時マスコミによく出ていて、ある意味山口組の一つの顔だった。当然逮捕のインパクトは大きく府警はいい仕事をしたことになる。起訴されて刑事裁判を争い、結果は六年かかったが無罪を勝ち取った。

この裁判で物凄く消耗したのに一七年後、再び大阪府警に依頼主の建造物破壊を教唆したかどで検挙されるのだから私も懲りない。弁護士会からも「暴力団の顧問は品位を害する」として処罰を受けている。カタギで、しかも弁護士なのに山口組を担ぐのはいいかげんに止めろということだろう。

話を戻すと、平成三年、山口組は傘下組織に、組事務所から代紋を外すようにFAXで指示している。三月一〇日には三次、四次団体を含めた一五〇〇か所の組事務の半数が山菱の代紋をはずした。三月一五日に暴対法は国会を通過したが、翌四月山口組執行部は新法対策に向けた六か条のマニュアルを傘下直参にFAXで通達した。

市民に代紋入りの名刺を出すな、喧嘩ご法度、公共の場所で市民に不快感を与えるな、街中で代紋をつけるな、大事な電話は公衆電話を使え、などである。新法をどのように解釈したかはともかく、一般市民に嫌われるようなことをするな、と命じている。

その年の九月二七日、ヤクザ社会において時代の流れを変える画期的な出来事が起こった。「極道サミット」が東京で開かれ、暴力団指定を受けるであろうと予想された山口組、稲川会、住吉会、会津小鉄のトップが集まったのである。過去になかったことで、相当の危機感があったと言え、極道サミットはその後の平和共存路線への礎となる。

会合の結果、カタギに迷惑をかけない、他組織の縄張りを侵さない、他組織が破門・絶縁した者を拾わない（組に入れない）、などが合意された。つまり世間の印象をよくし、抗争の原因を作らないということである。

翌平成四年早々、山口組は傘下組織に組を株式会社にするよう通達した。会社としての活動なら暴力団活動と言われないという作戦だが、後に公正証書原本不実記載罪で次々と検挙される事態を招き、失敗に終わっている。さらに会社設立とともに「正業を持て」とも指令したが、田岡三代目の時代と環境が異なりすぎて、これもうまくいかなかった。国も試行錯誤ならヤクザも試行錯誤だった。

暴対法施行目前の平成四年二月二二日には再び極道サミットが開かれた。暴力団新法についてのマスコミ報道がかまびすしくなっており、出席は前回より三団体増えて七団体の首領が一堂に会した。後に山口組の宅見勝若頭がこの会合の様子を「週刊アサヒ芸能」に話している。

「こんな法律が出来た背景を考えようという趣旨や……ワシらの感覚ではそれほど効力を発揮するとは思えん。効力は抗争の抑止力という部分のみではないか」

主要な組織のトップが集まるという経験はのちに非常に意義のある先例となったが、主要団体のトップが協議したにもかかわらず新法への取り組みは東西で異なった。稲川会、住吉会はお上に盾突かずの方針をとったが、山口組、会津小鉄、工藤連合草野一家（当時）は国との対決姿勢を見せ、憲法違反を主張して法廷闘争に入ったのである。

ヤクザが国を訴えるなど前代未聞の事態であったが、私の感覚では、憲法違反を武器に法廷で戦うのは九九パーセント勝ち目がない。報道されて世間に訴えるという狙いかもしれないが、世間の同情や理解は結局えられなかった。東京・銀座で極道の妻たちによる暴対法反対デモという、色物とみられかねない一風変わったパフォーマンスが好奇の目を集めることはあったが。

†暴対法が寡占化と一極集中をもたらした

一方肝心の暴対法はどのような威力を発揮したのか、はたして本当に画期的と言えたのか。

それを検証するためまず組員の増減からみてみよう。暴対法が施行され山口組が暴力団指定を受けた一年後の平成五年六月現在、日本ヤクザの人口は三四九〇団体、組員数九万六〇〇〇人で、山口組は全体の四〇パーセント（ヤクザの五人に二人が山口組組員という驚異的占有率）にあたる一三八〇団体、組員数三万七二〇〇人を擁した。過去最大の構成員数であり、大阪、神戸などは、どちらを向いても山口組だらけという寡占状況になっていた。

実は暴対法によって、山口組の組員は暴力団指定の平成四年から一年間に七・一パーセント（約二五〇〇人）も増えているのである。暴対法の脅威に恐れおののいた一本独鈷のヤクザが、寄らば大樹の陰と山口組に駆け込んだからである。

山口組が堂々と憲法を掲げて国とガップリ四つに組んだ姿が、寄る辺なきヤクザに受けた。あの大山口組に入っておけば、組織の偉いさんがなんとか切り抜ける手立てを考えてくれるだろう、ということだ。聴聞会で持論を訴えるために出頭する宅見若頭と岸本本部長の姿が繰返しテレビで報じられた。法律専門家の私が「法の埒《らち》外にいるヤクザが違憲闘争なんて箸にも棒にも掛からないのに」と思いながらも、親しい二人の姿が頼もしくて、期待さえしたものである。

話を戻すと、警察庁は諸外国の法制を十二分に研究したうえ、暴力団対策にかつてない新種の法律を立ち上げ、派手にマスコミキャンペーンも張った。ところが山口組の組員数は、平成二年から三年にかけて著しい伸びを示している。二万六〇〇〇人から三万五〇〇〇人へと、三五パーセントも組員数を増やしており、この年全国の老舗組織や中堅の主だった組織だけでも一二団体が山口組に吸収合併されている。大阪、神戸の山口組は飽和状態になり東京進出が加速していくが、八王子抗争がその入り口を広げた。

これほど急増しえたのは好戦的だったことが第一の原因だが、私が俊藤浩滋プロデューサーの手伝いをして作った映画も武闘派イメージを広めるのに一役買ったかもしれない。

渡辺さん、宅見さん、岸本さんの三人をモデルに製作し、平成二年に公開した映画で『激動の1750日』というタイトルだ。前年（平成元年）の私の原作『悲しきヒットマン』の映画公開に引き続き、東映岡田社長直々の指示で二年連続山口組ものを作った。私は東映から外部プロデューサー報酬として五〇〇万円をもらったが、全部チケットを買って傘下組員に送った。私が独断でやったことだが後に宅見さんに知られて「やめてください」と注意された。ただしこれは「先生が自腹をきってチケットを買うのをやめてください」の意味で、山口組の宣伝をやめてくださいの意味ではないので、念のため。

数年前に終結したばかりの現実の抗争をモデルにした実録映画（渡辺組長をモデルにした主役は中井貴一）が客を集めるとは、今では隔世の感があり、思えばバブルの崩壊が始まっていた平成三年が山口組の絶頂期だったかもしれない。渡辺組長が五代目に就任する時、宅見若頭は「五年間は何も言わんと任せてくれ。そして一〇年経ったら次の代を考えてくれ」と言っており、渡辺組長はこれを守っていた。最盛期の山口組を牛耳っていたのは宅見勝さんだったことに間違いなく、それは日本最大組織を従え、全国極道界の盟主として君臨することを意味した。宅見さん個人の絶頂期と山口組のそれとが幸運にも一致したのである。

†抗争激減と「合理的な差別」

ところで暴対法の効果がなかったのかと言うと、そうではない。まず抗争が減った。平成二年は一四六件だったのが暴対法が国会で成立した平成三年は四七件に激減し、同法が施行された平成四年は三九件へと減少した。そして資金面ではバブルが崩壊し経済が逼塞していくにつれ、急激にヤクザも金回りが悪くなった。不況に加えて暴対法がシノギを締め上げた効果は確かにあった。

特に法律がヤクザだけを社会の特別枠としてくくったのが、大きかった。ヤクザは差別扱いしてもいい連中という心性の醸成はここに始まる。山口組が兵庫県公安委員会を相手に起こした暴対法違憲訴訟の平成五年五月二四日第二回口頭弁論期日で被告側はこう主張している。

「憲法一四条は国民に絶対的な平等を保障したものではなく、差別すべき合理的な理由をもってする差別は憲法二四条の趣旨に反しない」

まさにこのことを確定するのが暴対法の隠された狙いだった。しかし個別のケースで具体的に合理的な差別を判断するのなら良いのだが、暴対法のように人の属性として一律に暴力団枠を作り、全てが合理的差別のように扱うのは問題だ。すくなくとも憲法は何人であっても「個人の尊厳」とその人権を保障しており、これが制限されるのは公共の福祉を実現するために必要最小限であることが求められる。たとえ前科者であっても刑に服した以上、前歴から「犯罪者扱い」を受けることがあってはならない。属性を根拠とした「合理的な差別」が二四条のいう「法の下の平等」に反するのは明らかだ。

†暴対法でシノギはどう影響したか

暴対法によって肝心のシノギはどうなったのか。みかじめ料についてみてみよう。客とのトラブルが多い業種ほどヤクザとの関係が切れないものだ。大口のトップ業種からみると、まずパチンコ産業は、警察が風営法による規制を建前に既に利権として取り込んでしまっており、暴対法がダメ押しで警察利権を固めたと言える。昔はパチンコ屋から用心棒代として月に数百万円もらうのが当たり前だった。警察管理下の営業になってからは手も足も出せない。

次の大口は風俗業で、風俗業からヤクザを追い出せるかが、暴対法が有効かどうかの試金石だった。平成四年九月二二日、山口組のお膝元の神戸で、兵庫特殊浴場協会が兵庫署内で「暴力追放決起大会」を開き、暴力団に対し今後一切守り料の支払いを拒否する決定をした。いわゆる福原のソープランド街だが、業者は警察を信じて守り料はもちろん、リース、物品の押し売りも拒否、暴力団を絶対利用しないことなどを宣言した。同じような動きは川崎市の特殊浴場団体などでも起こっており、暴排は全国規模に広がっていく。まさに暴対法の効果と言え、新法は動き始めた。

暴対法により民暴への介入権限を与えられた警察だが、こちらは各地で啓蒙活動や暴排指導を行った。大阪・ミナミなどでは府警防犯部や南署が管内にある飲食店六〇〇〇店に対し、用心棒代を払わないよう指導し、捜査員がこまめに店を巡回パトロールするようになった。法の施行から二年が経った平成六年には山口組組員のシノギは大きく減ってしまい、山口組本部が組織運営を担う執行部のメンバー以外の平直参の会費（運営費）を二〇万円値下げしている。不景気に加え、新法という劇薬が末端組員の生活を直撃するまでにそれほど時間はかからなかった。

暴対法はその後何度か改正され、ヤクザの経済活動で被害を受けた市民による民事上の損賠償請求について組長の「使用者責任」を認めることや、「特定危険指定」「特定抗争指定」など非常にユニークな条文が追加され、今やヤクザにとって大きな脅威へと肥大化している。「暴力団専用」というお墨付きが国民に浸透した結果である。

ただこれでヤクザ全滅へと突き進むのかと言うと、そうとも言い切れない。警察とヤクザは敵対関係にあり利害は一致しないと思ったら間違いである。社会のよこしまな欲望を提供する側とこれにブレーキをかける側とはサジ加減で共存している。発達した民主社会はよいも悪いも呑み込んで人民の幸福追求を保障するもので、悪しきを許す度量があり、どの程度まで悪を許容するかは民意による。

清き水に魚住まずというか、濁れば濁るほど我欲は満たされ、至高の幸福へとつながるというか、少々の身勝手と密かな楽しみくらいはお互い様程度の社会がよいと思える。その程度で十分ヤクザの棲む余地がある。警察が店舗を巡回するといっても、パチンコ業界のように利権の絡んでいるところは面倒見してくれても、飲み屋などはいつまでもかまってくれるものではない。そのうち、新たな街の脅威となりつつある半グレなどに侵食されるのが落ちだろう。工藤會のある北九州市では警察のお墨付きの「暴力団立入禁止」の標章を返上する飲食店もあるという。

4 阪神・淡路大震災と任俠支援活動

†大震災の義捐活動

平成七年一月一七日、兵庫県南部を巨大地震が襲った。死者六四三四人を出した阪神・淡路大震災である。この時の山口組の大規模な義捐活動については、国内大手メディアが無視し、海外メディアが大きく取り上げる騒ぎになった。日本メディアは震災における山口組の活動を売名行為とか、暴力団による市民懐柔作戦だとか、震災後の復興工事に絡んでいく布石だとかと評したが、それはうがち過ぎだ。あの義捐活動は五代目山口組の渡辺組長の人柄に負うところが大きい。

渡辺さんという人は善意な常識人的なところのある人で、ヤクザにしては優しくて繊細な一面がある。山波抗争で市民への誤射殺が起こった時にも、宅見さんが「親分がちょっと参ってもうてます」と言っていたが、相当落ち込んだ様子が伝わってきたものだ。

山一抗争の末期に、竹中組の安東美樹組員（現・竹中組二代目組長）が山広邸を襲撃したさいに警察官を撃った事件があるが、その件でも「言語道断の許し難い暴挙」と非難して、竹中武と反目した。渡辺組長は世間向けに体裁を繕った格好だけなのだろうが、現実はこの襲撃が最後の決定打になって一和会は崩壊した。

渡辺組長は本来明るい人だったが立場が上に行くにつれて難しくなった。でも彼の人柄からすると、抗争をやっているより義捐活動のほうがよほど性に合っている人だ。

それともう一点、「任俠道」というものがそもそもボランティア活動に似ていることも強調したい。元山口組系二次団体最高幹部で作家の沖田臥竜氏は私と対談した際（『山口組の「光と影」』）「ヤクザは究極のボランティアです」と言ったのだが、同趣旨の発言は作家の宮崎学氏も前からされている。

組員は給料を貰えないどころか、お金を払いながら組織に参加して、組のため親分のため、自分を捨てて尽くしぬくのがヤクザ本来の生き方だ。これを任俠道とも言うが、一般社会に対して誇りにもしないし愚痴も言わない。ヤクザにとってボランティアは体に染みついたもので義捐活動をしたからといって揶揄されるのはおかしい。田岡親分の時代から山口組は幾多の義捐活動をしている。圧倒的な機動力と上意下達の命令系統を持っているが故に目を見張る活躍になっただけだ。

阪神・淡路大震災の義捐活動は最終的に非常に大規模なものになったが、元は渡辺組長の性格と前年駐車場に掘っていた井戸がきっかけである。植木に良い水をと、一一〇メートルの地下から汲み上げた地下水で、ライフライン全滅と化した被災地にこの六甲の美味しい水が役に立った。震災直後から山口組本家のご近所に水や食料を配ったのが喜ばれ役に立って、渡辺組長持ち前のボランティア精神に火がついた。私が公私ともに親しくお付き合いさせて頂いた実話誌業界のベテランライター・故山田勝啓さん（「週刊大衆」の記事を書かれていた）が山口組の義捐活動を詳しく取材している。彼は渡辺組長とこの活動を称賛し、涙を流して感動していた。『五代目山口組の激流！』にまとめられているので一部要約して紹介させて頂く。

「まさかこんな大げさなことになろうとは思ってもみなかった」（渡辺五代目）

口づてに噂が広まり震災の翌日には近くの住民が本家を取り囲んだ。渡辺組長は皆が困っているのは行政が立ち遅れているからと判断し、行政の態勢が整うまで出来る範囲で配給を続けようと考えた。ところが全国に散らばった直系組長達が本家の一大事とばかりに駆けつけ、出来る範囲がどんどん大きくなった。道路が大渋滞する中、直系組長達はオートバイ部隊を編成し、あるいはヘリコプター、モーターボート、漁船などを使って神戸の本家にたどり着いたが、後にこれらの乗り物が物資輸送へと転用された。

全国から昼夜を分かたず一日一万食以上の食料など救援物資が続々届き、数日経つと本家は水をもらう人と救援物資をもらう人で五〇〇メートル、二五〇〇人の列が出来た。食パン、バナナ、みかん、カップ麺等々被災地では手に入らないものが山積みに用意された。その他病院から乳幼児の紛ミルクやおしめなどの注文が入るとこれに応え、家を失った人のためにテント、毛布、暖房器具も配給した。

山口組傘下組織のみならず五代目の活動を知った代紋違いの他団体からも見舞金や物資が多数届けられるようになり、全国からの輸送部隊はますます大がかりなものとなった。航空機、ヘリコプター、クルーザー、トラック等あらゆる手段で陸、海、空から大量に救援物資が本家に運びこまれた。この配給用仕分けも膨大な作業となる。携帯コンロにボンベ、生理用品、大人用紙おむつ、下着類などサイズも豊富に取り揃えて「山口組に行けば、無いものはない」と言われた。英国BBC放送などは「まるでスーパーマーケットだ」と評した。

本家前の配給は一三日間で終えたが、その後はお寺や幼稚園など小さな避難所を中心に物資の供給を続けた。渡辺組長は自らオートバイを運転したり組員のワゴン車に乗って病院や避難所に物資を届けたほか、本家前の配給にも自分で立っている。当時は五代目山口組の若頭補佐だった司忍弘道会会長も震災直後ヘリコプターで本家に駆け付けたが、義捐活動には極めて積極的で、渡辺組長と二人三脚、昼夜を問わない献身的な働きをした。

山田さんの計算によると組員三万六〇〇〇人を総動員して、約二か月にわたった救援活動の費用は総額一〇億円になるだろうとのことだ。この活動に深く感謝した人々が多数いたことは紛れもない事実で、山口組本部近くの「暴力団追放」の大きな看板がこの時期に取り外されたのも特筆すべきことだ。

†司弘道会会長による「栄公園屋台村」

弘道会司会長(当時)の「栄公園屋台村」にも触れておきたい。本家前での配給が終わる一月二九日頃から炊き出し活動の継続を考えていた司会長は、被害の大きさと避難民の多さから神戸市東灘区の「栄公園」を屋台村の場所に選定した。

ゴミだらけだった公園を片づけ、ラーメン屋台三か所、焼きそば屋台二か所、うどん屋台、焼きもち屋台、甘酒屋等を常設して一か月半活動を続けた。もとより無料配布である。最初は二時間で四五〇〇食が出たといい、多い日には二〇〇〇人以上の被災者で屋台村が溢れた。働いていた人員は司会長をキャップとしてラーメンを作っている職人三〇人、公園内で働いている組員達、現場責任者の山口組幹部や直系組長、それに材料を運搬する車両係などを含めると六〇人を超える大所帯が連日働いた。これに一般市民のボランティアが合流し、被災地最大の炊き出し場は運営されたのである。渡辺組長はここを何度も訪れ皆を激励している。渡辺組長と司会長が最も仲の良かった頃だ。

二か月にわたる救援活動は三月半ばをもって終了するが、山口組は代紋違いの他団体からも見舞金、救援物資を多数もらっており、被災地神戸の救済は日本ヤクザ挙げての義捐活動になった。親戚、友好団体のみならず全国の同業者が山口組を支援したのである。山口組は感謝の意を表すため渡辺五代目を中心に最高幹部が手分けして全国各地へ「お礼の旅」に出ている。ヤクザ社会は平和共存が主流となるが、震災の助け合いもこれに影響していた。さらに経済の低迷、暴対法効果が抗争抑止へと働き、平和と助け合いムードがヤクザ社会を包んだ。そんな背景事情から、山口組は震災翌月の二月に暴対法違憲訴訟を取り下げている。

✝本音と建前、そして任侠道

五代目組長の義捐活動を述べたので任侠道についても触れておきたい。まず本音と建前の話からするが、ヤクザの親分から発せられる言葉は世間に漏れることを考慮して、建前で構成されていることが多く、ヤクザの実態を非常に分かりにくくしている。例えば「我々は、一層任侠道に邁進してまいります」と挨拶されると、弱きを助け強きを挫く正義の人助け活動をするのかと思ってしまう。我が身を顧みず弱い人たちのために犠牲になる立派な心意気かなと思う。

現実と違うのではないかと誰でも疑問を感じるだろう。その通りである。現実は「弱きを威嚇し強きに媚びへつらう」のが普通だし、我が身を犠牲にするより、人を踏みつけて自分が利を得ようとする方がヤクザらしい。

江戸時代の後期に書かれた「世事見聞録」という書物にこういうことが書かれている（岩井弘融著『病理集団の構造』より）。

「人の親切と律儀の情に付け入りて、騙し、犯し、奪うなり。男伊達と称して悪党の頭となり、女世帯、囲い者、水茶屋、旅芸人等弱き者を見込みて金銭をねだり、博打、ご法度のことのみを行ない、岡っ引きとも目明しとも名乗り、役人の手先の威を振るい、悪事をしては手下の者を罪の代人に仕立て、己が遺恨あれば罪なき者をも罪に仕立てて牢獄に入れ、任侠の名に似合わざる仕業なり」

今の姿にも相当部分合致しており、江戸時代も平成も本質はあまり変わっていない。講談、芝居、小説、映画などによってヤクザが著しく美化されたが、その美化された虚像を拝借して語られるから実像が分からなくなる。実態は弱き者や庶民のために犠牲になるというより、その逆である。

では何故ヤクザは任俠などと言うのか。それは虚構とは言え、遊俠や無頼の徒（ヤクザ）が庶民の願いを叶える唯一の人種と期待されたからである。強い者による支配的価値観に押さえつけられた理不尽な秩序をブチ壊してくれるのは、ならず者しかいなかった。このときの任俠精神とは人のために自分を捨てるということ。それを最も尊い行為として仲間が畏敬するということだ。つまり破滅的生き方を敢えてすることで、犠牲になる。仮にそこまでいかなくとも奉仕活動は日常業務で、損得勘定でいえば明らかに損な生き方だ。そういう振る舞いが任俠の精神に酷似している。

具体的にはヒットマンとして敵対組織の人間を殺しに行くことが典型といえる。殺害に成功した先には無期懲役が待っており、当然将来などなく人生はそこで終わりだ。別に相手が憎いわけでもないが、親分のため、組のために自分を捨てる。この理不尽な心意気が任俠の精神に似ている。間尺に合わない計算外のことをする反合理主義はヤクザの特権、という意味で任俠と言っている。

現実に、ヤクザは行き場を失って困っている人がいたら、訳も素性も聞かずに助ける傾向はある。どこの誰かも分からない無宿者にメシを食わせ、寝る場所を提供する。刑務所帰りであろうが、凶状持ちであろうが、詮索することなく受け入れる習わしがある。これもどこか任俠の精神に似ている。見返りを期待せず自分の気持ちだけで人を助ける。阪神・淡路大震災の渡辺組長なども任俠の精神に通底する。

ただヤクザが通常使う任俠道という言い回しは業界のルールや掟を任俠道と呼んでいることが多い。例えば神戸山口組の立ち上げに見られる逆縁や、処分した人間を他組織が拾うことなどを任俠道に反すると言うが、任俠本来の意味や由来と関係の無い使い方をされている。ヤクザ流の勝手な解釈だがひんぱんに使われるので誤解の元になる。逆縁は道徳的にもいけない事のように思ってしまうが、実際はそういうことでは無く既存組織存立を優先させる業界安定のための都合上のルールである。任俠道とは関係がない。

建前で喋るという意味がどういうことかと言うと、庶民が都合よく解釈した虚像の任俠道を、そのまま拝借して話をすりかえることで、実のところは実像がブレている。

画期的な二大結縁盃と「極道サミット」

阪神・淡路大震災から一年の喪が明けた平成八年、山口組は他団体との間で大きな盃を交わしている。

ひとつは二月、山口組総本部大広間で行われた五代目山口組・桑田兼吉《かねよし》若頭補佐、四代目会津小鉄・図越《ずこし》利次若頭、四代目共政会・沖本勲会長らによる三人兄弟盃で、もうひとつは九月、熱海の稲川会本家で行われた五代目山口組・渡辺芳則組長と稲川会・稲川裕紘会長の兄弟盃である。関西ヤクザは関東と違い、他組織同士が兄弟盃を交わして安全保障とするような慣行はそれまでなかった。

ところが国による暴力団対策新法ができるという頃から全国のヤクザに共通の危機感が芽生え、暴対法が成立した平成三年には初の極道サミットが開かれた。これを契機に国の圧力に対抗するため日本中のヤクザは連携し、あちこちで親戚縁組が築かれていった。特に関東などは博徒系だけでなくテキヤ系も含めてほとんどの組織が親戚関係を結んだ。この流れは結果として日本三大暴力団による寡占化をさらに促進させた。

平成二年、まだ三大組織の系列化が進んでいない時には、ヤクザ全体に占める三組織の寡占率は四八パーセントだった。ところが平成三年は六二パーセントに急拡大しており、新法制定への不安が急速に蔓延したことが分かる。冒頭に述べた縁組盃が挙行された平成八年になると、三大組織の寡占率は山口組四〇パーセント、稲川、住吉がそれぞれ十数パーセントになって、三大組織全体で全ヤクザの七〇パーセント強を占める結果になった。

暴対法制定の趣旨が寡占化の阻止であったのを考えると、なんとも皮肉な現象である。暴対法は明らかに抗争抑止に効果があったといえ、山口組においても再三抗争厳禁が通達された。全国的にも平和共存意識が浸透したのである。

平成八年二月の三兄弟盃の内、広島の共政会と結んだものは遡る平成二年、札幌市内で山口組舎弟・石間春夫誠友会会長が『仁義なき戦い』で有名な共政会の傘下組員に殺された事件がきっかけになっている。あわや大抗争に発展するかと危惧されたが、危機感を募らせた双方の幹部が話し合いを重ね尽力した結果、抗争回避にこぎつけ、手打ちした。

手打ちの中身は殺した側の組織を絶縁、その上部団体を破門とすることで「条件なし五分の手打ち」だった。山口組としては譲歩と思われるが、この和解を契機に当時桑田若頭補佐と沖本勲会長が兄弟盃を結んだのである。今回はそれを三兄弟盃に発展させ、より広範囲で強固な不可侵、安全保障体制を構築した。関東風の盃外交による安全保障策が関西にも広がったといえよう。

もう一方の会津小鉄との縁組は、暴対法により山口組の寡占化が進み、阪神地区が飽和状態になって山口組の京都進出が後を絶たなかったことに起因している。

後述するが、山口組でも一、二を争う中野会が京都侵攻の急先鋒だったのだが、平成五年に山口組と会津小鉄は親戚縁組を成立させ、いったん対立感情の沈静化を図っていた。しかしその年の内にはや死者が出る抗争が勃発し、平成七年六月には双方で一四発の銃弾が飛び交い、その後も交戦は続いた。八月には京都府警の警察官が組員と間違えられて射殺される事件まで起こっている。会津小鉄と山口組は過去数々の抗争を繰り返しており恒久的平和共存は極めて困難な間柄であった。それを今回の盃で何とか争いの無い棲み分けを目指そうとしたのである。

一方、九月に行われた稲川会との縁組は渡辺組長と裕紘会長が大の仲良しだったので、政治的というより友情の延長で兄弟になったものだ。宅見さんが言うには、渡辺組長が恩ある稲川会に無警戒で寄っていくものだから、五分の盃ではなく五厘下がりの舎弟（つまりわずかだが格下）を提示されて、うっかり乗りそうになったという一幕もあったそうだ。

暴対法はヤクザ社会を強い力で平和共存の方向に向かわせるとともに、全国ヤクザの共同歩調を促したともいえる。山口組がバブル最盛期の暴力主義から協調路線に舵を切ったのは宅見若頭の先見の明だったといえるが、奇しくも宅見亡きあとの平成後期に誕生した六代目体制で壮大なる平和構想が現実のものとなる。

5　宅見勝若頭の暗殺

†〝神輿〟とキングメーカーの確執

平成九年八月二八日午後三時二〇分頃、五代目山口組の宅見勝若頭は新神戸オリエンタルホテルのティーラウンジで中野会のヒットマンに銃撃され、四発の銃弾を浴びて昏倒した。午後四時三二分に死亡が確認された。六一歳の生涯だった。私が知ったのは午後五時頃、午後の法廷が終わって事務所に戻ってくると、記者が五人くらい待っていた。

「宅見組長が神戸で撃たれました。犯人の心当たりがありますか。お話を！」

声が出なかった。血の気が引いていくのが分かったが、何食わぬ顔でその場を誤魔化し、自分の事務所から逃げた。誰とも話したくなくてホテルにこもった。

嘘であってくれ。生きていてほしい。震えながらテレビをつけた。宅見さんは私の人生を変えた人だ。何も話さなくても気持ちは通じた。まさか……。だが時間とともに私はきつい脱力感と嫌悪感に包まれていった。

ヤクザはむごい。しょせん暴力団は暴力団だ。生産性もなく、社会に寄生する存在が許されるわけもない。どんな死に方をしようと自業自得と言われて終《しま》いだろう。

その夜、生駒の山頂で星を見ていた。悠久の宇宙に吸い込まれる感じがして、いつの頃からか、星を見るのが好きになっていた。雄大な宇宙の無限の時間の中で、一人の男が殺されたからとてなんの影響があろう。地球や人間なんてあまりに小さい。星を見ていると少し心が安らいだ。

暗殺現場となったホテルのティーラウンジでくつろいでいたのは、岸本才三、野上哲男、宅見の三人だ。四代目、五代目づくりに汗を流した仲良し四人組の三人で、最も気心の知れた者同士だ。そして宅見若頭を殺したのが仲良し四人組のもう一人、渡辺組長といわれれば大半の人が耳を疑うであろう。

中野太郎元中野会会長がインタビューに応じた肉声をまとめたという単行本『悲憤』（講談社）で彼自身がこう話したという。

「……あかん、今や」「今、トるんや」

渡辺組長が執拗に、中野元会長に宅見殺害を命じている会話だ。中野は反対したが、五代目はどうしても「宅見を殺せ」と言って聞かなかった、と語られている。普通の感覚ならけっして口に出してはならない事実で墓場まで持っていくことだが、中野元会長は耐え切れなかったのだろうか。親の気持ちを汲んで忠実に命令を実行しただけで、ヤクザの道を踏み外していない。そう言いたいのだと思う。

ただこの『悲憤』で語られている中野元会長の述懐については本人の言葉ではないとか、そもそも本人がインタビューに応じられる健康状態だったのかという根強い疑問がある。いくら不仲になったとはいえ、五代目が若頭を殺すことは絶対にないという意見だ。確かに『悲憤』で語られている事実には、私から見ても間違っていることがある。だが、残念ながら私は命令だけが動機とは思わないが、五代目の殺害命令は確からしく思える。

実行犯の一人である元中野会組員の中保喜代春が著した『ヒットマン』（講談社）には「頭《かしら》

を殺して中野会長に頭になってもらう」という言葉が出てくる。荒唐無稽にみえるが、あるいは渡辺、中野の間ではそんな話も出ていた可能性はある。仮に五代目から命令があったとしてもそれだけではあれほど大それたことはできはしない。中野にも山口組の若頭になって山口組を動かしてみたいという思いがあったかもしれない。

渡辺、宅見という五代目山口組の両輪であるべき二人なのに、どこでこんなボタンの掛け違いが起こるのか。

間違いの始まりは渡辺組長が自分の力で五代目になったのではないことに起因する。宅見若頭が四代目作りに続き、岸本らを巻き込んで、がむしゃらに祭り上げた五代目だ。宅見は、渡辺五代目当確への実績作りから、先輩組長の説得、竹中武の排除など裏方の仕事をことごとくこなした。五代目誕生直後は真剣に渡辺組長に心酔しようとしていた。だが、政権運営中に気持ちが変わったのだ。宅見さんがイメージする山口組の親分はもっと精神力の強い人だった。だが渡辺さんにすれば十二分に山口組頭領の力量があると思っている。そこに溝が生まれていったのではないか。

†超暴力信奉派・中野太郎

宅見殺しの中心人物、中野太郎という人は、唯我独尊の根性が大変きついタイプで、ゴーイング・マイ・ウェイかつ超暴力信奉派である。ヤクザの真髄は喧嘩と割り切っており、ひたすら暴力を信奉することが活路を開くと思っている人だ。山口組執行部にいながら協調性はなく、他から一人のけ者になってもまったく意に介しない。親分さえ味方につけておけばなんの心配もない、ヤクザは親分が天皇だから、親分を掌握すれば他は取るに足らず、という考えだ。

山口組の直参になったら普通、座布団（地位、序列）を物凄く気にして大事にするものだが、中野会長はそこからも超然としていた。執行部の一員という名誉ある立場も面倒くさいだけで、嬉しくも誇りでもなかったようにみえるほど、皆から浮いているように映った。

山口組の頭領になるということは、出身母体の組織から離れて一人の親方になるということでもある。出身母体の兵隊、即ち軍事力も手放すので、下手をすると裸の王様になる。若頭たる人物が、三代目の山健若頭や六代目の高山若頭のように親分絶対の人だったらよいが、そうでなければ配下の兵隊を奪われ、心細い立場となる。

渡辺組長が五代目になった翌平成二年、山健組三代目の桑田組長と中野会の中野太郎会長を山口組の執行部に入れている。これは手放した兵隊を再び渡辺組長につけたという意味がある。しかし渡辺組長が頼りにすべき桑田若頭補佐は、いつしか親分を見切って宅見若頭についてしまった。執行部で頼るべき配下として残ったのは、自他ともに親衛隊と称してはばからない中野若頭補佐だけだった。

†奥の院で広がる権力構造の軋み

どうしてそうなったのだろう。ひとつは渡辺組長の線の細さではないかと思う。ヤクザの親分にしては世間体を気にし過ぎるところがある。前述したように、山波抗争で一般市民を誤射殺した時、悩んで香典を届けようとしたことや、竹中組組員が山広邸を襲撃し、警察官を撃った時「言語道断の暴挙」と評したり、あるいは平成九年に起きた「酒鬼薔薇聖斗」による神戸連続児童殺傷事件で、渡辺組長は犯人捜しに関する情報収集を組員に指示したりしている。世間に対し山口組が役に立つところを見せたいのだろうが、組の運営行事以外の一般社会犯罪で、本部から配下に通達文を発送するなど例がない。世間の受けを狙ってみても組員の生活が向上することもなかろうに。

自分について書かれたものを大層気にする点も特徴だ。辛辣な人物評を書いた作家の溝口敦さんとは徹底的にモメてしまった。私が企画した『激動の１７５０日』という映画も最初は「ドンを取るのは俺だ」というタイトルだったが、渡辺組長のクレームで変更した経緯がある。組長が言うには、皆から押されて五代目になったのであり、厚かましく自分からドンを取りにいったのではない、ということだった。公開まじかのクレームだったので変更が容易ではなく、私は東京で関係者に頭を下げまくった。

また稲川会三代目の稲川裕紘会長と兄弟盃をした経緯の中で、「五厘下がり」の条件を了解しかかったことなど、宅見若頭にすれば頼りなく感じられたのではなかろうか。巨大組織の頂点に立つ親分らしく、もっと強引に組織をまとめ上げる器量と、根性の座った人物像を指導者に期待したが当てが外れたのではないか。

次にたぶんお金だ。バブル経済がヤクザの価値体系を金権支配へと変えたが、大切な何かが、どこかへ消えた。ヤクザの本来あるべき姿は家族の絆である。愛情にめぐまれず、行き場を失った者同士が支えあってハンデや劣等感に打ち勝って生きる。貧しい時に一杯の椀を分け合い、苦しい時に励まし合って、はぐれ者同士が補い合う絆こそヤクザの真髄ではなかろうか。原点に帰るとするなら、人並みの生活ができたらそれをよしとすべきで、ヤクザは貧乏で当たり前と考えるべきである。

それが巨額の金を稼ぎだす暴力の威力をバブルで認識し、価値観が拝金主義へ変わった。山口組にかぎったことではないが、上納金制度が確立するにつれ大組織の寡占化が進み、親分たる立場が大きな利権となった。本来家族であるべき姿が、政治の世界へと変わった。渡辺組長は親分利権には貪欲だったが、親分としての責任に耐える力がやや物足りなかった。宅見若頭との間にすきま風が吹き込んだのは、そんな背景事情があるのではないかと思う。

『悲憤』の中で、中野元会長は「宅見が渡辺おろしのクーデターを企てていた」とも述べているが、宅見若頭にすれば九年目のクーデターではなく、一〇年で次の頭領を考えるというのは、五代目作りの最初からの約束だった。渡辺組長に器量があったら続投も考えただろうが、宅見若頭にはそう評価出来なかった。おそらく山健三代目桑田組長を若頭の後釜に据えて政権交代を目指していたと思う。

私は宅見さんが殺される一か月前に会っているが「一〇年経ったら次、考えてくれ、言うてあるからなあ。渡辺も分かってるやろ」と言った言葉が印象に残っている。この頃二人は本家ですれ違っても目も合わせない仲になっていた。力関係では宅見さんが勝っていたが、渡辺さんのプライドがそれに甘んじることを許さなかった。

†「京都侵攻」をめぐる暗闘

自著の中でまた、宅見が会津小鉄を使って中野殺しを図ったとも述べられているが、それはないはずだ。会津小鉄は古い歴史を持つ京都の名門で、他人から依頼されて殺しを請け負う殺し屋の真似事はしない。まして山口組若頭といえど、名門会津小鉄が一個人の依頼で殺人などしない。

会津小鉄としては、中野会による京都進出の度が過ぎたので中野襲撃を企てたのである。平成になって活発化した山口組の京都進出の急先鋒が中野会で、平成四年頃から会津小鉄と死者を出す抗争を何度も繰り返していた。

山口組と会津小鉄の親戚縁組が成立した平成五年以降でもトラブルは絶えず、平成七年だけでも京都府内で一六件の抗争事件が発生している。会津小鉄と中野会を中心とする古都京都での一連の抗争を「京都戦争」というが、宅見事件の前年に起きた中野会長襲撃事件もそのひとつで、八幡市内の理髪店で散髪中の中野会長を会津小鉄側のヒットマンが襲撃し、中野会長のボディガードの返り討ちにあった襲撃犯二人が射殺されるという大事件だ。当然中野会側も会津小鉄の襲撃を十分に予想して準備していた。理髪店のウィンドウを防弾仕様に替えたり、あの見事な迎撃戦の返り討ちは訓練の賜物である。京都戦争中、中野会長襲撃事件だけは宅見がやらせた、というようなものではない。

中野会長本人も京都に出張ったことを後悔しているようだ。四代目会津小鉄高山登久太郎会長が、わざわざ中野会長を訪ね「京都から手を引いてもらえまへんか」と頼んだという。しかも四億だの、五億だのの代償を渡すとまで言ったとか。

中野会長は「若い者達には気をつけさせます」と返事したとのことだが、注意どころか、現実には相手が頭を下げてきたのをよいことに、京都侵略を加速させている。若い衆のせいにして自分は知らないというのは、ヤクザが責任逃れをする手口の常套手段であり、高山会長にまで手垢のついた理屈で応対するのはどうかと思う。「京都は侵略しない」という暗黙の不可侵協定が田岡親分の時代からあったのに、である。

中野会長という人は相手が誰であろうと屁とも思わないところがあり、「ヤクザは嫌われてこそ値打ちがある」という考えの人だ。弱みを見せたら、面白がって余計に嫌がることをする。相手が大物ならなおのこと活気づく。会津小鉄にすればそれだけで会長の顔に泥を塗られ、代紋を踏みにじられたことになる。一連の京都侵攻の中でも特に崇仁《すうじん》地区の地上げに首を突っ込んでいったことが対立を決定的なものとしている。

†最後に残された巨大地上げ利権

崇仁地区というのは、日本に残る最後にして最大の再開発利権地と言われた地区で、京都駅から東へ徒歩一〇分、八万六〇〇〇坪にも及ぶ広大な区域のことだ。そこは第二次大戦時、朝鮮半島から連れてこられた多くの朝鮮人が居住した場所で、戦後も安住の地を持たない在日の人たちが肩を寄せ合って暮らす部落として取り残された。

行政は不法占拠なるが故にインフラ整備を放棄し地番すらつけなかった。故に京都ゼロ番地と呼ばれ、バラックの長屋に、汚水、糞尿垂れ流しの水路や路地がさらしものとなっていた。世界の京都の玄関口としては想像を絶する光景を近年まで見せていた。井筒和幸監督の映画『パッチギ！』の舞台になった地といえば分かりやすいだろう。沢尻エリカ演じる朝鮮高校女子生徒のなんと可愛かったことか。

余談はともかく地上げに成功すれば一〇〇〇億円の利権があるといわれた地だ。ヤクザが狙って当たり前の巨大な地上げ利権である。昭和六〇年頃から武富士がこの地上げ話に乗ることになり資金を用意した。最初は三〇億円くらいだったのが後年膨らんで、最終的には九〇〇億円強を費やしたものの、結局地上げに失敗して武富士は倒産した。イトマンが地上げやゴルフ場開発に失敗したのとよく似ている。

地上げに取り掛かった最初の地域内に会津小鉄系の事務所が三つもあった。成り行き上会津小鉄主導で地上げはスタートした。ところが崇仁地区は厳しい同和問題も絡まり簡単にはことが運ばない。紆余曲折の末、時が流れて京都侵略を強めていた中野会がこの地に絡んできたというのが背景にある。

会津小鉄、中野両暴力団の米櫃《こめびつ》争いが流血沙汰に発展したわけだが、京都戦争を仔細に見れば会津小鉄には中野会長を狙う理由があることがよく分かる。みずからの親分でもない宅見の命を受けてやった、というのは間違いである。

結局中野会が京都に出張ったのは阪神地区が山口組で飽和状態になっていたからで、「侵略した所が自分のシマ」という田岡イズムの原点に回帰したとも言える。元々中野会は縄張りを持っておらず急速に膨張した組織なので侵略を旨とするしかなかった。

『悲憤』の中で渡辺五代目が中野に対し、宅見を殺しても暫く謹慎した後復帰させる、とか破門になっても必ず戻ることができると約束したとの記述が出てくる。信じ難いが、もし事実ならあまりにも、二人ともノー天気に過ぎる。宅見事件直後から岸本、野上らは警察の事情聴取を受けているが、捜査段階の供述調書では二人とも「中野が殺害を指示したのに間違いない」と断言しているが当然である。実質最高権力者の山口組本家宅見若頭を、中野会長の関与なく中野会組員が殺すなどということは天地がひっくり返っても絶対にない。

†若頭殺しの深層

いくら乱暴者の中野といえども五代目に無断で本家の若頭を殺すことは出来ない。五代目の親衛隊を自他ともに認める中野と渡辺の特別な関係や執行部からも浮いて宅見とは目も合わさなくなっていた二人の険悪な状況、そして渡辺が中野を唯一の頼りにしていたことなどから考えると、推測の域を出ないが宅見殺害の黒幕は渡辺組長と判断せざるをえない。余談だが、宅見事件をモデルに「子殺し」をテーマにした東映映画『新・仁義なき戦い／謀殺』が製作され、私も協力している。

じつは当時の執行部のメンバーも、腹の内では皆、若頭殺しは親分がやらせたと思っていたと信ずべき状況があり、渡辺五代目は執行部に宅見殺しという決定的な弱みを握られ、以後頭領としては実質的に機能しなくなった。つまり五代目はこの時に終わっている。

中野絶縁の断が、渡辺組長の意見を抑えて執行部から下ったのも当然である。絶縁を強く主張したのは司忍、滝沢孝、桑田兼吉ら実力者揃いの若頭補佐連だった。結果として中野会長はみずから語っている通り、渡辺組長に梯子《はしご》を外された。そもそも、宅見若頭らの神輿《みこし》に担がれた渡辺組長に独断が通用するほどのカリスマ性があったとはいいがたい。

そもそも、宅見若頭が抱く山健初代への報恩の情が、四代目、五代目政権作りの原動力となったが、その竹中四代目は暗殺され、強引ともいえるやり方で誕生させた渡辺五代目の下でみずからの暗殺を招くとは悲劇以外の何ものでもなかった。

『悲憤』では宅見襲撃の動機が五代目の命令だけのように書いてある。しかし前年理髪店で中野が襲われた事件も間違いなく関係している。例えば宅見殺害実行犯の裁判における岸本本部長の供述でも「中野襲撃事件での決着のつけ方が(宅見殺害まで)尾をひいている」と述べられている。

確かに宅見は中野が撃たれた時、本人抜きでその夜のうちに手打ちしてしまった。本人に一言の断わりもなく幕をひくのは、中野会長をコケにしたと取られても仕方がない。早々に手打ちした理由として、中野の京都侵略に原因がある、会津小鉄による殺害は失敗して逆に二人が殺されている、山健組の桑田組長と会津小鉄の図越利次若頭(後の会津小鉄会会長)が、その年に兄弟盃をしており、それはこのような事態に備えた盃でもあったことを示したかった、図越会長の指を「死に指」に出来なかったなどの理由が考えられる。それにしても理由があるなら本人を説得すべきと思う。

宅見若頭は何でも勝手に決めて、勝手に一人でやってしまうところがある。私も渡辺、宅見、岸本三人の映画（『激動の1750日』）を東映で作った時、気になる点を渡辺さんなどに相談しようとしたところ、「やめときなはれ」と言われた。宅見さんの説明では「山口組というところは正面から議題を出して、さあ検討してください、と言うたら絶対に反対されるところや。へそ曲がりが多いからな。全部済ましてもて、事後承諾でやらんと、なんも進まん」とのことだった。

中野襲撃の手打ち話を中野会長に言えば、それこそ口角泡を飛ばして食ってかかられるだろう。自著で中野会長は宅見若頭を「宅見という男は難儀な男だった」と語っているが、私からみて中野会長も大層難儀な男だと思う。少なくとも宅見若頭は、ヤクザは嫌われてこそ値打ちがある、などという考え方はしなかった。本人抜きで手打ちしたことが中野会長に根に持たれ宅見殺しに繋がっていると思う。

前年に起きたもう一つの暗殺事件がさらなる伏線になったとの指摘もある。中野太郎の企業舎弟的立場でヤクザ組織に多額の貸付を行なっていた経済ヤクザの先駆者、生島久次が大阪駅前の路上で白昼射殺された事件である。ヒットマンは山健組傘下の複数の組員だった。

宅見さんとも交流のあった許永中氏が自著『海峡に立つ　泥と血の我が半生』で記すところによると、生島が手がけていた八〇〇億円とも言われる貸付金の回収に協力していたのが中野会であり、背後に二人の関係の終焉を望む者がいたとの証言である。

「当時、山口組では次期組長の跡目争いが水面下で始まっていた。中でも最有力候補であったのが宅見勝若頭であり、中野会の中野太郎であった」「二人（生島と中野）の関係を御破算にするために仕掛けられたのが、生島元組長への襲撃事件であったと私は考えている」

宅見事件で中野会の暗殺候補名簿に名前が入っていたとも噂された許永中氏の証言だけに軽視できない。癌が進行していた宅見さんが後継候補の座を争うはずもないが、恩義ある山健組長の山健組を継いだ桑田若頭補佐への禅譲による当代交代を画策したとてなんら不思議はない。中野の懐刀とも金庫番とも言われた生島殺しの犯人が桑田組長が率いる山健組傘下という符号も多分に示唆的だ。

6　警察による「新頂上作戦」

不意打ち検挙と新解釈「共謀共同正犯」

中野会による宅見若頭暗殺は白昼、公然、人々が自由に出入りする高級ホテルのラウンジで強行され、しかも巻き添えで歯科医師が一名亡くなるという弁解の余地なき犯行だった。法と秩序に挑戦するような暴力団の無軌道ぶりを、世間も警察も許してくれなかった。

警察はすかさず「新頂上作戦」と銘打って、新しい手口を使ってトップの検挙を狙った。宅見なきあとの組織運営を担う執行部の中核を占める司忍、滝沢孝、桑田兼吉の若頭補佐三人を銃刀法違反の嫌疑で一挙に逮捕したのだ。山口組にとっては三人とも次期若頭、ひいては六代目頭領につながる最重要人物ばかりだ。都合よくキーパーソンをほぼ同時期に検挙できるなど、普通はありえない。三人に対する銃刀法違反での検挙は大向こうの意表をついた着眼で、不意打ちと評すべき新手法だった。なぜか。

親分が移動する時はボディガードが付くが、当時ならガード役自身の判断で拳銃を所持するのが日常茶飯事だった。私が知る限りでも、トップクラスの親分に付いているガード役はたいてい拳銃を所持していた。高性能のサイレンサーや手のひらに入る小型拳銃など珍しいものを私も見せてもらったことがある。若い衆は見つからないよう細工したり、職務質問の対処方法を勉強していたが、そういうことは親分が指図することではない。ガードの務めとして勉強し、果たすべき職務として道具を抱いて職場に就く。運悪く検問で挙げられたら、本人だけが懲役に行くのである。懲役手当は出してもらえるので、後顧に憂いはない。

中野会が宅見若頭を殺した直後の緊迫状況ではガードが拳銃を持っていて不思議はないが、警察はこれに目を付けた。厳重な検問で拳銃を押収し、その責任を親分に被せることにした。「親分がガード役の拳銃所持を知らないはずがない」と黙示の共謀を推認するという「共謀共同正犯」の拡張解釈である。前例がなかったからトップの親分衆も無防備であるのを逆手にとったのである。

宅見事件のあった翌月、最高幹部会に出席するためホテルに泊まっていた司、滝沢両若頭補佐一行のうち、五人の組員が拳銃所持の現行犯で大阪府警に逮捕された。この場合、配下組員の懲役は仕方ない。ところが、大阪府警は二か月後に司、滝沢両若頭補佐を銃刀法違反（拳銃所持）の容疑で指名手配したのだ。これが「新頂上作戦」のウルトラCだった。法律の解釈を勝手に変えて「よっしゃ、グッドアイデア、それでいこう」というノリだったとしか考えられない。裁判で無罪になっても検挙できれば御の字、という強引極まる手法である。

さらに同年一二月には桑田若頭補佐も東京・六本木で、警視庁の一斉検問を受け、配下が拳銃を所持していたとして逮捕された。発見された拳銃は別の車やホテル付近で押収されており、桑田の嫌疑を裏づけるものではなかった。

暴力団に対し「使用者責任」と「共謀共同正犯」の拡張解釈という新種の便法が使われるようになっていくのだが、裁判所も最後は結局この新解釈を認める判断を下してしまった。世論が後押ししたから、と考えざるをえないが、この二つの新解釈は山口組に決定的というべき極めて重大な影響をもたらした。渡辺五代目組長が休養、引退する原因になり、宅見若頭存命ならば六代目に最も近かった桑田若頭補佐が、絶頂期から転落して、想像だにしない獄中死同然の死に方をした。滝沢若頭補佐は引退後まで長期にわたる公判で命運を断たれ、判決の確定を前にしてこの世を去っている。

生き残った司組長が六代目の座に着くことになるが、権力の思惑一つで風前の灯火のように揺れ動くヤクザの命運ほど、はかないものはない。ヤクザ組織の命脈は警察当局が握っている。要するにヤクザは国家権力に絶対勝てないということである。

†治安立法の前衛としての組織暴力対策

組織暴力への治安立法の歴史を紐解けば、古くは凶器準備集合罪から、銃刀法、覚醒剤取締法の重罰化、組織犯罪処罰法、共謀罪の制定、盗聴法など、これまで多くの法律が作られてきた。

法律は国会の審議を経て制定されるので民主的といえるが、法律の制定という手間を省いて、既存の法律を新しく解釈し直し、新しい刑事上・民事上の責任を作り上げてしまうという手法がある。国会を通さないので、一般国民に容易に適用できないだろうが、ヤクザは所詮、「合理的差別」扱いが許される種族であり、退治するという目的では道理も引っ込む。実のところ共謀共同正犯論、使用者責任論の拡大解釈（ただし使用者責任は後に暴対法の改正として立法化された）は下手な新法制定より、はるかに効果があった。

そもそも人を有罪にし、懲役という極度に自由を制限する刑を科すには、「どんな悪い事」をしたから、という「悪い事」の事実が前もって法律で明記されていなければならない。捕まえてから「あなたの今の行為は犯罪ということにします」というやり方は本来通用しない。前もって法律に明記すべきという要請を、「罪刑法定主義」と言って憲法が国民に保障した人権のひとつだ。「新頂上作戦」と称する警察のやり方は、罪刑法定主義の理念にもとづく憲法に反している。

共謀共同正犯理論は大日本帝国憲法に基づく大審院時代の判例からあるにはあった。実行行為には加わっていないが、実行行為者より背後にいる上位者の方が重い罪に値すると考えられる場合に使われる理論で、組織犯罪集団を罰する時に採用されやすい。

適用範囲をどこまで広げるかはその時代の民意による。暴力団に新しい法律や不公平な理論を適用するのに最も適した時期は、まさに巻き添え殺人の起こった時、即ち一般国民が暴力団に理不尽な殺され方をした時がベストだ。暴対法といい、共謀共同正犯理論の拡大解釈といい、カタギを巻き添えにした罰である。昔からカタギさんに手を出すなと言われるのはこのことかもしれない。

本来の共謀共同正犯理論では少なくとも共謀についての具体的事実の立証がないと適用できなかった。上位者が命令を出した証拠とか、実行者と上位者が相談していた事実等の証拠が必須だった。それを司、滝沢、桑田らの事件では具体的な証拠はなくとも「ヤクザの行動原理から、親分も同じ意思であると推認できる」との判断を下したのである。

ここまで来ると、もはや事実や証拠を超えた空想の世界の理屈で、暴力団はお手上げである。そもそもヤクザの行動原理（とそれに従う組員個人の内心）を検察官や裁判官が知るはずもないのだが、勝手に教示してみせるのはおこがましくはないか。

法の拡大解釈による判決が先行して、それを追認する形で「共謀」を広く認める「組織犯罪処罰法」が成立している（平成一一年に「通信傍受法」などと共に施行）。

裁判官も苦慮したのか、司、滝沢両若頭補佐は一審で無罪判決を勝ち取っている。桑田若頭補佐だけ無罪判決を受けることなく最高裁で上告が棄却され、懲役七年の刑が確定。ヤクザとしての絶頂期に、理不尽な不意打ち捜査を浴び、平成一七年獄中にあって失意のうちに山健組の跡目を井上邦雄に譲ることになる。

†歴史に恥ずべき誤った裁判

一方、滝沢若頭補佐の銃刀法違反事件の裁判は歴史に残る恥ずべき裁判だ。

平成一六年に下された一審判決は無罪、検察は控訴したが同一八年大阪高裁もまた無罪の判断を示した。司法に携わるプロの常識的感覚ならこの高裁判決で勝負ありだ。ところが検察は上告し、同二一年に最高裁は事件を大阪地裁に差し戻したのである。有罪にすべき案件だからもう一回やり直して有罪にせよ、ということだ。

しかしやり直しの大阪地裁の同二三年の判決はまたしても無罪だった。三回目の無罪判決である。日本の無罪判決は一〇〇〇分の一の確率だから三回も無罪判決が出たなら、それは天文学的な希少現象で、二〇〇パーセント確実な無罪と言ってもよい。もう充分だろうに無罪判決を受けて検察はまた控訴した。怒りを禁じ得ない。既に事件から一四年が経過し、同じ罪に問われていた司会長は山口組の六代目を継いで刑に服し、同年四月に出所している。いくら暴力団といえども、弄《もてあそ》ぶのにもほどがある。

これを受けた大阪高裁は、またしても大阪地裁に差し戻すという判断をした。要するに有罪になるまで何回でも地裁でやり直せということだ。滝沢若頭補佐は上告したが、結果はやはり大阪地裁に戻され同二九年、七回目の審理で大阪地裁により懲役六年の判決が下された。事件から二〇年、滝沢さんは七九歳になっていた。無罪の確定を信じ、その間恭順の意を示すつもりで、山口組最高幹部の座を下り、ヤクザを辞めてまで勝訴に賭けた。だが裁判所は一顧だにすることなく有罪の結論を強行した。滝沢さんは懲役六年の判決を受け控訴したが、平成三〇年高裁判決が言い渡される予定の、その日に亡くなっている。「ヤクザ罪」「親分罪」というほかなく理不尽極まりない。

司組長は銃刀法違反の裁判を桑田、滝沢両名と違い、最小限の犠牲で切り抜けた。平成一一年には保証金一〇億円で保釈が許可され、同一三年第一審判決は無罪の判断を得た。判決文で曰く。

「反社会的な暴力団といえども、親分の近くにいて被告人を警護していると思われる子分が拳銃を所持していた一事をもって、暴力団の行動原理からして、親分との意思疎通があったものと推認するのは論理に飛躍がある」

妥当な判決と思うが、この判決で当事者はどれほど救われたことか。検事が控訴しようとも、正しい判断が一たび示された自信は揺るがず、司会長がヤクザ活動に邁進する態度に何一つ臆することはなかった。他の候補者とは精神の高揚感に天と地の差がある。結局は司会長も懲役六年の有罪判決を受けるが、その確定前に山口組の頂点に上り詰めている。

†組織トップへの「使用者責任」拡大解釈

使用者責任の拡大解釈についても触れておきたい。

平成二年山波抗争で私が一〇〇〇万円の香典を届けようとした誤射殺事件は、後に遺族が実行犯や渡辺組長相手に損害賠償請求を起こした。渡辺五代目の使用者責任を問う、として提訴されたので当時は驚いたものだが、宅見事件で無関係な歯科医師が亡くなられた時、さすがに渡辺組長もこれ以上争うのはまずいと判断したのだろう。和解に持ち込んでいる。

実行犯と直系組長が一億二〇〇〇万円を支払い、渡辺五代目は使用者責任を認めず見舞金二〇〇〇万円を支払うという内容だが、実質は敗訴だ。

これで切り抜けたつもりが、翌平成一〇年、京都で巻き添え射殺された警察官の遺族が使用者責任でまたしても渡辺組長に損害賠償を求めて提訴した。最後はこの訴訟が渡辺組長を追い詰めた。

「使用者責任」とは会社や個人事業主が従業員を使って事業を遂行している場合、従業員が起こした不法行為につき、雇用主も責任を負うというもので「使用者・被使用者の関係」「事業」といった厳密な要件が必要だ。

最高裁判所は最終的に山口組トップの親分と三次団体組員の間に（二次団体＝直参を飛び超えて）使用者・被使用者の関係がある、抗争は事業であると認定した。その後使用者責任論は解釈のレベルから格上げされて、暴対法に組み込まれ立法化されることになる。

†若頭空席のまま異例の集団指導体制へ

宅見事件はやはり渡辺組長の致命傷になった。親衛隊の中野会長が絶縁されて組長は裸の王様になり、宅見殺しの黒幕であることを執行部に悟られ心に大きな傷を負った。宅見組による中野会報復攻撃のつど、その傷口は広がった。

親分を殺され宅見組の二代目を後継した入江禎組長は何がなんでも敵討ちをしなければならない立場だった。ヤクザの勲章が抗争にあるとすれば、入江さんもまた筋金入りの勲章持ちである。宅見組の番頭なるが故に、大阪戦争、山一抗争、八王子抗争、そして中野会への報復戦と人生戦いの連続だった。入江さんは親分亡き後、宅見組の二代目を継いで本家に上がったが、渡辺組長にすればやっかいなプレッシャーが登場したことになる。

渡辺組長は命令があろうとなかろうと自分のために大仕事をした中野を宅見組の報復から守

らなければならない。おまけに中野からは「会いたい、会いたい」とやんやの催促がある。渡辺組長の強い意向で、山口組本部から何度も中野会への報復禁止通達を出した。だが宅見組が復讐するのはヤクザの筋として止められない。

本家に上がった入江さんは渡辺五代目から相当ひどいいじめを受けるが、親の顔色をうかがうより男として生きる道を選ぶ。そして、これを応援したのが司若頭補佐である。入江さんを応援することは結果的に渡辺組長の傷に間断なく塩を塗ることと同義と言えなくもない。渡辺組長にとってはみずからその座を明け渡すように促されたと感じたかもしれない。

渡辺組長はしだいに人前に出なくなった。宅見さんの告別式にも四九日法要にも参列できず、一周忌法要にも出なかった。山口組としての組葬も最後まで挙行できず、山口組の定例会は年末まですべて中止、ヤクザ組織にとって最も大切な事始めも中止、翌平成一〇年一月の渡辺組長誕生会も行われなかった。

一月一一日に臨時の直系組長会が招集され、わずか一〇分でお開きとなり、渡辺組長は皆の前に初めて顔を見せたものの「今年もよろしく」と一言いったきりだった。宅見若頭が殺され、桑田、司、滝沢の重要メンバーが警察に追われる状況となり、紛れもなく五代目山口組誕生以来最大の危機に違いないのに、もはや指導力を発揮できる状況ではなかった。

宅見暗殺を機に事実上組長の機能は停止し、山口組は執行部の集団指導体制となった。だが桑田、司、滝沢の三人が動けないので自然と岸本本部長のウェイトが大きくなり、平成一〇年一〇月には総本部長でありながら舎弟頭と若頭をも兼務することになった。過去にない人事だが、波風を立てず現状を維持していくにはほかに選択肢はなかっただろう。

岸本さんは山口組の生き字引のような人だが、宅見殺しの背景も渡辺さんの精神状態も何もかも承知の上、五代目体制を維持する決意にいたったのだと思う。

7 政権交代への序曲

†政変に備える

山口組の運営は岸本総本部長が若頭を兼務するという変則的な体制がとられていたが、誰の目にも次期若頭決定までの暫定的人事と映っていた。そして、次期若頭が渡辺組長に替わる六代目に就任することは容易に想像された。だが新若頭の有力候補三人が配下組員の銃刀法違反で裁判をかかえており簡単に事は運ばなかった。

中野会への報復戦は平成一一年九月に中野会若頭が殺害され、同一四年四月、中野会ナンバ

―2の弘田憲二副会長が殺害されたことで収束に向かう。

翌平成一五年四月、弘道会系大栗組と住吉会系親和会との間で「北関東抗争」と呼ばれる争いが起こった。この抗争で弘道会は強い戦闘意欲をむき出しにし、来たるべき政権交代への意気込みすらにじませた。住吉会の縄張りの中に弘道会系が乗り込んでいったことに起因するが、弘道会としては相手のシマ内に楔《くさび》を打ち込む意味でも圧倒的攻撃が必要だった。抗争は下部組織の喧嘩だったが、約二か月間、七県にまたがり死傷者七名を出す激しさを見せ、弘道会の好戦性が際立った。この戦いの先頭に立った弘道会傘下組織の組長はその後出世し、四次団体から上部団体である三代目弘道会の執行部入りするまでに昇進している。弘道会は戦力の充実を常に維持してきた戦闘集団であることを満天下に示して余りある事件だった。

山口組の政治が動くのはその年、平成一五年一〇月三〇日、大阪高裁が警察官誤射殺事件をめぐる損害賠償請求事件の控訴審で、渡辺五代目への民事上の使用者責任を認める逆転判決を下したことが契機だ。一審における五代目勝訴が高裁で覆ったのだが、裁判所の判断はこうだ。

「抗争は組織の威信確立に密接に寄与しており、威信によって傘下組員たちが生業を営み、その利益が組に吸い上げられるので、抗争は即ち組長の事業とみなす」

私もことあるごとに「組長の仕事は、組員の皆によいメシを食わせてやるため、代紋を磨きぬくこと」と述べてきたので、抗争を重視するという点では同じだ。民暴的シノギ華やかなりしころは生計が暴力の威嚇力に依存していたのも間違いない。

ただ組織がなす抗争や暴力沙汰は、一義的には当事者の組員みずからが属する組織や親分の名をあげるためであって、金儲けが目的で殺し合いをしているのではない。賠償責任を組長個人が負うのも納得できない。権利能力なき社団ではあるが山口組が負担すべきことで、個人に負わせるのは理論的にも飛躍がある。

いずれにせよ、渡辺組長は高裁判決を受け、傘下組員の「間違い」が今後自分の責任になると危惧した。その年の一二月、七年ぶりに事始めと「五代目襲名一五周年記念パーティー」が挙行され、五代目も意気軒昂に復活したかにみえたが実情は違っていた。翌平成一六年二月二四日、司会長に銃刀法違反事件で懲役六年の逆転有罪判決が下り、「国策捜査である頂上作戦に無罪なし」という結論ありきの恐ろしさを改めて見せつけられる。

さらに同年四月二一日、国会は先の大阪高裁判決という既成事実を受けて「抗争で巻き添えになった被害者が加害者所属組織のトップに損害賠償責任を問える」とする「改正暴対法」を成立させる。法律で決まればもう逃げ道はない。憲法違反の判断でも出ない限り、巻き添え事故を起こせば組長の責任が追及される。それを避けるため渡辺五代目は夏に離婚している。差し押さえを逃れるため財産を妻名義に移し、自分は丸裸になる。かなりの資産を形成した人だが自分では資産が持てなくなり、形の上とはいえ離婚したことの精神的ダメージは大きかった。

そして平成一六年一一月一二日、案の定「警察官誤射殺事件」で最高裁は渡辺組長の上告を棄却したが、この決定を受け渡辺五代目は体調を崩してしまった。組長は刺青をいれたことが原因でC型肝炎を患っておりインターフェロンの投与をうけていたのだが、副作用がきつく強い不眠症に悩まされていた。寝るために睡眠薬を服用したが、薬の飲みすぎで著しく判断力が低下していた。

そんな時かねがね情報をもらっていた兵庫県警の刑事から「使用者責任が刑事裁判でも認められる法律が出来ますよ」と耳打ちされ、これを完全に信じてしまった。司若頭補佐が暴力団の行動原理で逆転有罪になったばかりだ。ヤクザを追い詰める法律が次々にできてもなんらおかしくはない。傘下組員の暴力沙汰など、それがヤクザの宿命なのだから無限に起こる。民事責任逃れで妻と離婚したところで解決する問題ではない。

渡辺組長はノイローゼになり引きこもってしまった。最高幹部会への出席要請であろうと、他の重要案件であろうと、何を打診しても無反応になっていく。職務放棄である。

†前代未聞の組長「休養宣言」

宅見事件以後、トップが機能不全に陥り、司令塔である若頭は空席が続いており、これ以上組織運営が停滞すれば組織の求心力低下をもたらし、ひいては伝統ある山菱の代紋の威信低下につながりかねない。私は岸本本部長が引退した後、会食したことがあるが、岸本さんは渡辺組長が体調不良に陥った時「渡辺にやめてもらうんやったら、今しかないと思った」と言っていた。

岸本本部長は五代目作りから一六年間の渡辺五代目体制の運営にすべてを捧げた人だったが、とうとうサジを投げ、政権交代にむけて舵を切った。

平成一六年一一月二八日山口組執行部は極道社会では前代未聞の組長休養宣言を発表した。新政権のお膳立てを準備する時間稼ぎの面もあり、知恵袋である岸本総本部長の発案だろう。

水面下で渡辺組長引退に向けた説得工作が続けられ、組長秘書連を中心とした渡辺シンパによる懸命な抵抗も試みられてはいたが、次第に引退を前提とした条件闘争の様相となっていく。

六代目の意中の人に関して岸本さんが私に言う。

「そら、名古屋(司会長)しかおらん」

滝沢若頭補佐がこれに同調した。彼は國領屋下垂《しもたれ》一家の頭領だったが渡辺組長に心酔して、組織の名称を渡辺芳則組長の名から一字もらい「芳菱会」と改名した人だ。その滝沢会長が今度は渡辺おろしの先頭に立った。滝沢さんは私に言った。

「俺なんか、五代目に思い入れのある方だけどさあ、引きこもって出てこねぇんだもん、どうしょうもねぇよ。次っていったら、司しかいないじゃん。五代目はゼニには弱いからさあ、それしかないよなあ、六代目山口組を作ったのは俺だよ、先生」

司若頭補佐の六代目就任に反対する意見はまったく出なかった。肥大化した巨大組織でこれほど意見が一致したことは前例がない。四、五代目選出の先例に照らしても考えられないことで、司会長の実力が傑出していたと言える。岸本さんは「六代目は、ほんまの武闘派や」と言ったが、田岡三代目以来の果断な武断主義こそ、カリスマ的な求心力が求められる山口組の指導者に必要な条件と考えたに違いない。その抗争歴といい、山口組への貢献度といい、組織力、統率力、求心力、資金力のいずれもが、山健組を除けば抜きんでていた。

†司会長の力の源泉、弘道会

弘道会は暴力信奉者の集団である。組織運営の最優先理念が「抗争への備え」としか思えない。時々ヤクザから「喧嘩が好きでヤクザをやっている」という言葉を聞くが、弘道会は日頃から情報収拾しているためとにかく攻撃が早く、一気呵成に絨毯《じゆうたん》爆撃をやるから相手は出鼻をくじかれ、戦意を阻喪する。継続してヒットマンを送り出す組織力は、日頃相当準備していることが容易に分かる。組の運営がそういうことばかりを目的にしているのかと勘ぐりたくなる。敵方親分の潜伏先を聞き出すため、拉致した組員を締め上げる常套手段も、普通の極道はやらない。

司親分が言うには、若いころ名古屋で自分の組を持った時から喧嘩ばかりしていたとのことで、当時は助っ人に格闘技をやっている学生なんかも参加して、誰もが手弁当で喧嘩したそうだ。とにかく名古屋では山口組系列自体がよそ者だから、地元のヤクザからのけ者にされる。喧嘩するしか生きる道がなかったのである。

司親分も初めは歓楽街に事務所を構えた。田岡親分の教え通り、占領した所が自分の縄張りで昔からの縄張りなど知ったことか、のゴリ押しを通すのだからモメて当たり前だ。名古屋はまた地元ヤクザ乱立の混沌エリアで、全国一群雄が割拠する騒乱の地でもあった。ただでさえ地元ヤクザ同士の喧嘩が絶えない敵陣をよそ者の弘道会が平定するのだから、それはすごいことである。

愛知県下のヤクザの八割が山口組傘下となったのは平成に入ってしばらくしてのことである。愛知県平定の実績と経済力、山健組と並ぶ実力組織の統率者として、司会長は揺るぎない自信にあふれていた。喧嘩抗争の一面をみれば、まさに暴力を信奉した田岡三代目への原点回帰だ。

弘道会では組のために体を賭けて懲役に行った者を何より重んじることで知られ、その犠牲に報いるために残された者が清貧でも歯をくいしばってこらえるという風習が色濃くある。一枚岩の強さの根幹であり、そこに、私のいう任俠精神の発露をみることもできる。

過去山口組の頭領選びでは候補を一本化するのは極めて困難な課題だった。司会長のように代紋頭の本拠地が関西でなく名古屋というのも本来の想定を超えている。反対される要因にもなりかねないが、司会長はそのハンデさえ凌駕していた。その六代目に最後まで反対した人がいたとすれば、しいていえば、その座を明け渡すことを余儀なくされた渡辺組長くらいである。「組長休養宣言」の時には渡辺引退、司六代目は決まっており、あとは渡辺組長をどうやって説得するかが問題だった。五代目に組運営が無理なのは明らかだが、山口組組長という名誉と、ロイヤリティー徴収権者という親分利権を手放さない。先頭に立って精力的に説得に努めたのが滝沢若頭補佐で、野上副本部長や当時執行部入りしていた後藤忠政若頭補佐らがこれに加勢し、岸本総本部長が渡辺おろしを支えた。渡辺組長引退の最終条件は、退職金を出すということだった。

†四代目実弟・竹中武との対決

司六代目が内定した平成一七年春、こんなことがあった。岸本さんから私に連絡があり、竹中武組長に会ってもらいたいと頼まれた。武さんが今頃、新本家建築のために実兄の正久四代目が支出した金の清算が済んでいない、と言ってきているという。執行部としては処分した人間にいきなり会うのは支障があるので、「とりあえず先生、行って武の話を聞いてやってください」と言われた。武さんと山口組は波乱に富んだ過去があったが、渡辺五代目は「過去は過去として武にはそれ相当のことはしたい」と漏らしたこともあり、岸本さんも反竹中武派だった宅見若頭亡きいまとなっては、武さんを戻してやりたいという気があったようだ。

武さんの話を聞くために合計三回、本拠地の岡山に行ったが、とても歩み寄れる内容ではない。武さんは山口組の不義理についてまるで機関銃の如く口角泡を飛ばして、播州弁でまくし立てる。騙し討ち同然に「守り刀」を持っていったとか、本家から正久四代目の位牌を突き返されたとか、積年の恨みをありったけぶちまけられた。

用件としては新本家を建てた時四代目が金を出しているが、その清算が済んでいないというのと、五代目就任時に入ってきた祝儀の半分は先代への功労金にあてられるのが習わしだが、それも解決していないという主張だった。いずれにしても数億単位の話でしかも一七年以上も前のことなので、私にはお手上げだ。弁護士風に言うなら「証拠を見せてください。残念ですが時効になってます」というところだが、ヤクザの世界は違う。ちなみに申し上げるとヤクザの世界では報復にあたって証拠は不要であり、こいつが犯人だと決めたら攻撃してよいことになっている。攻撃されたくなければ、疑いをかけられた側が反証しなければならず、挙証責任が転嫁される。

「まあ、先生に言うてあかんのなら、(山口組執行部に)直接喋るわ」と、武さんに言われてホッとした。岸本総本部長と野上副本部長に直接会ってもらうことになり、武さんは長い時を経て山口組本部の門を再びくぐることになった。感無量のはずだが、直接会談はさらにエスカレートし、普段おとなしい野上さんが播州弁機関銃に頭にきて「おい武、お前、喧嘩うりにきよんかい」と言えば、武さんが吠えまくった。

「いつでも来たるぞコラ。お前ら宅見が殺られたとき雁首《がんくび》そろえて傍におったんやろがい。中野のとこに石ころの一個でもぶつけたんかいワレ」

会談はほとんど喧嘩状態で物別れに終わった。そのまま放置しては後味が悪いので私が岡山になだめに行き、さらに司会長の登場となった。

経過を聞きたいとのことで大阪の私の事務所に来ていただいたのだが、初めて会話を交わした印象は、静かな人という感じだった。私の事務所は大物ヤクザが高級車で乗り付け、若い衆がバラバラと散るように降りてくる、と近所の噂になっていたのだが、司さんは違った。車も離れた場所に止め、一人で事務所まで歩いて来られた。普通はガードに囲まれて賑やかに入ってくるが、ソッと自分でドアを開けた司さんに最初気付かなかった。ただ話のなかで「私が出たらこれが最後です」と言ったのが印象に残っている。当時知らなかったが六代目は確定していたのだ。

司会長は岡山の竹中武に会って山口組に戻るよう促したようだ。武さんもその気になったが、最終的に帰参は実現しなかった。その代わりの男同士の約束でもあっただろうが、元竹中組出身で山広邸銃撃事件で長く服役したのちに現場復帰した安東美樹が、六代目山口組で竹中組を復活させている。

山一抗争激しかりし頃の竹中武組長は、周囲の注目を一身に浴びて実に凛々しく輝いていた。最後はとうとう渡辺組長や山口組とも対立して、仇討ちを続けるために一本独鈷になる道を選び、意地を通し切った。残念でもあり、見事でもある。ヤクザとして筋を通す生き方は鮮烈だったと思う。

†六代目政権の誕生

平成一七年三月、司会長は弘道会の会長職を同会若頭の髙山清司に譲り、自らは弘田組組長を名乗った。これは髙山清司を山口組の若頭にするための布石である。普通なら司会長が六代目になった時弘道会を離れ、出身組織から分離される。それを機に出身組織に二代目が誕生するのだが、その二代目を直ちに山口組本家の若頭に持ってきては、あまりに露骨な出身組織優遇と映る。言わば枝の子がいきなり本家の若頭になるわけで過去に例もなく、出身組織による山口組の支配と映り、従前の二次団体組長（直参）連はついていけない。

激変を避けるため、みずから組長になる前に一度髙山会長を直参にあげ、さらに執行部に参加させたうえ、その後若頭に持ってくる手順だ。実質的には同じだが、ワンクッション置いている分、皆に予告し、反応を見ながら進められる。直参も心構えができるというものだ。

いずれにせよ司会長の六代目は揺るぎない既定路線となった。そして同年四月五日、定例会において二代目弘道会・髙山会長を直参に昇格させると同時に、山健組傘下にあった極心連合会・橋本弘文会長、太田会・太田守正会長も直参に取り立てられている。こちらは山健組弱体化の一環である。そして平成一七年五月一〇日の定例会で司若頭補佐が山口組若頭になったことが発表された。

つづく同年六月六日の定例会では二代目宅見組・入江禎組長と二代目弘道会・髙山清司会長及び極心連合会・橋本弘文会長の若頭補佐昇格が発表された。この人事は六代目体制の核になる主要メンバーが選定された意味を持つ。彼らによって六代目山口組の組織固めが進行する。

組員四万人に迫る巨大組織の船出は同年七月二五日の最高幹部会の席で、司若頭の六代目組長就任が決まり、七月二九日の臨時直系組長会で渡辺組長同席の上でこの旨が発表された。当日、岸本総本部長が手にした巻紙を開き、渡辺五代目の言葉を代読した。

「一六年間、組長を務めてきたが、体力的限界を感じたので引退する。組としては数多くの人材がいるが、私としては司若頭が一番良いのではないかと思い、推挙する」

一〇〇名の直参が居並ぶ大広間は水を打ったように静まり返っている。続いて司若頭が立った。

「指名を受けた以上、山口組のために身命を賭し、粉骨砕身頑張りますので、よろしくお願いします」

渡辺五代目が口を開いた。

「一六年の間には様々なことがあった……あとのことは、よろしく頼みます」

宅見事件以後は苦しい日々であったに違いない。自らは何一つ胸の内を吐露することなく五代目山口組の幕は静かに下りたのである。

第三部

六代目山口組 平成後期 (2005〜2019)

平成26(2014)年12月、分裂前の最後となった山口組総本部での餅つき大会で杵をふるう司忍六代目(右)と、翌年に結成される神戸山口組の井上邦雄組長(中央)。

1　六代目体制の幕開け

†六代目山口組が目指す理念

六代目山口組組長の座は四代目、五代目と違い、誰かが担ぎ上げたものでなく、司組長がその実績をもって自ら勝ち取ったといえる。ただ出身母体のナンバー2をそのまま本家の若頭にもってきたことは過去に例もなく、議論のあるところだ。必然的に出身母体の勢力が強まり、五代目時代の山健組の二の舞を踏むのではないか、と。一部メディアで「若頭は入江に内定」と報じられ、結果的に誤報となったが、司六代目と入江さんの信頼関係からいえばあながち根拠のない話ではなかった。

ただ、若頭候補を決める際、司六代目としては、かかえている裁判の上告が棄却されることは織り込み済みで、心置きなく刑に服するためには、不在中実質トップを任ねる若頭には絶対に信頼できる腹心の部下を置く必要があった。若頭の選択は内外ともに極めて重要なことで、禅譲や論功行賞、組内のバランス、あるいは序列に配慮して選ぶと将来、親分との間で不協和音の元になりかねない。現にあれほど仲のよかった渡辺五代目と宅見若頭が犬猿の仲になったのであるから、五代目の轍を踏んではならない。それが高山会長を本家山口組の若頭に登用し、もう一方の組織の要、総本部長職を心の絆で結ばれた入江組長に任せたのもそれが理由だったろう。

継承式は平成一七年八月二七日、山口組総本部大広間で行われた。通常継承の式典には後見人、取持人、推薦人など、全国友好団体の親分衆が役割を振り分けられて、にぎにぎしく居並ぶものだが、司組長はこれを排した。媒酌人だけは式典に必要なので出席してもらっているが、それ以外の参列は他組織を抜きにして身内だけでやったのである。後の書状披露においても親戚、友好団体の組織名称、当代の名前など一切掲載しなかった。質実の一言では片づけられない、やや角の立つやり方だが、実質は大変な英断である。

六代目体制は義理を受けるのも、恩に着せられるのも、頭を押さえられるのもすべて排除したのである。渡辺組長が山一抗争終結で稲川会の裕紘会長に借りを作り、五代目就任で稲川聖城総裁に後見してもらったが、六代目はそういう負い目を一切作らなかった。六代目誕生で世話になった身内の親分衆にも、ほどほどで引退してもらうことを望んだ。六代目山口組に御意見番は必要ないという方針だ。例えば民間企業においても経営の首脳陣刷新に伴って旧経営陣に引退勧告がなされるケースがあるが意図は同じである。

五代目政権の後期には、渡辺組長に忠誠を誓う勢力、引導を渡し体制刷新を目指す者、様子見を決め込む者、と組織の結束にゆるみが生じ、その求心力に陰りがみえていた。組織の刷新による求心力の回復が新政権の急務とされたのである。

六代目山口組が、どんな舵取りをして、いずこへ向かうのか。力を信奉する者はいずれ暴力によらぬ平和を望むようになる。外に向かって平和共存をめざし、内に対しては組織改革の舵を取りながら、業界の盟主としての地位を回復し、斯道の恒久的安定を求める、という壮大な青写真を掲げての船出であったようにみえる。

そして平成の世を終えた今、その航海に終わりは見えたのだろうか。北関東抗争、新東京戦争、埼玉抗争と、六代目体制でも関東の雄・住吉会との抗争が絶えなかったが、いまでは盆暮れに外交儀礼を交わすほどの友好関係をとり結ぶにいたっており、およそ東西ヤクザの平和共存は九割方達成してきたと言える。組織改革は性急さと強引さで、山口組創設一〇〇年の節目の年に大分裂を引き起こして歩みを止めた。斯道の恒久的安定となると、達成どころか暴排の大嵐に見舞われ、日本ヤクザそのものに絶滅のシグナルが点灯している。現状は極めて厳しいというしかなく、司六代目は山口組の歴史上最も困難な時期に組織を預かった「危機の宰相」と言えるだろう。

2 平和共存への希求

†驚天動地の國粋会舎弟盃

六代目山口組発足直後、平成一七年九月、業界の度肝を抜く縁組があった。東京における老舗の名門國粋会が山口組に加入したのだ。

國粋会の歴史を紐解くと、大正時代に関東一円の博徒が、原敬首相の肝入りで大同団結した「大日本國粋会」に源を発する。同団体は政治的傾向を帯びており当時は治安維持を目的とした。その後一度消滅したが、昭和三三年に「日本国粋会」の名称で再復活し「反共の防波堤」を任じた。警察による第一次頂上作戦で日本国粋会は解散したものの、昭和四四年、今度はヤクザ組織の連合体として再々復活した。國粋会の名称は平成三年、工藤和義会長が四代目を継承した時に改称したものだ。その工藤会長が司六代目の舎弟盃を受け山口組の傘下に入ったのである。國粋会は山口組の東上を阻止する目的で結成された関東二十日会の会員だったが、あえて会を脱会してまで山口組に加入したのである。

國粋会の電撃加入は、かつて田岡親分が夢に見た東京の地盤を六代目司組長が手中におさめ、山口組による東京侵略へと向かうのか、業界の注目を集めた。「山口組は多摩川を越えず」との紳士協定が崩れ、東京にも拠点をもつ地元暴力団の一員として、山口組が名を連ねることになったのだから大事件である。

名門國粋会は浅草、銀座、新橋、渋谷など超一等地に広大なシマ（縄張り）を持ち、それを他団体に貸している（貸しジマ）。山口組が今後、力を背景に國粋会の貸しジマに賃料値上げや退去要請などの介入を始めると、未曾有の大トラブルに発展することが予想され、関東ヤクザ業界に緊張が走った。暴力と侵略は山口組伝統の運営理念であり、いつ牙をむくかは誰にも予想できない。

だが、急転直下「貸しジマについてはこれまで通り（現状維持）とする」との方針が山口組から業界内外に示される。これは、「侵略の意図はない」と公式にアナウンスしたことを意味し、その後紆余曲折を経て、「東京に地盤をもつ山口組」という地位を確立するにいたっている。

國粋会は伝統ある東京のヤクザなのにどうして、よりによって東京勢力が最も警戒する山口組の一員になったのか。それは國粋会の内部紛争が発端だった。國粋会は元々参加組織がそれぞれに独立性をもった緩い連合体だったが、それを四代目工藤会長が組織力を強化せんとして、上命下服のピラミッド型に改造しようとした。仲間同士横並びの集まりではなく、親分と子分という命令と服従の関係に直して権力の集中を図った。

そのため工藤会長と盃を交わすよう系列の組長連に要求したところ生井一家、落合一家、佃繋会のトップがこれに応じようとせず國粋会を脱退した。工藤会長がこれらを絶縁処分にしたところ対立が表面化し、発砲、集団乱闘など、一都四県で四〇件以上の衝突が起こった。

関東ヤクザの仲裁機関である関東二十日会が仲裁に入ろうとするも内輪揉めに属することなので積極的に動きにくく、内部紛争は長引いた。この解決に尽力したのが西の勢力山口組の山健組であり弘道会だった。両組織は國粋会から絶縁された三組長を引退させ、その傘下組員が新たな当代を立てて國粋会に復帰するという工藤会長側の望む解決に導いた。

工藤会長は山健組及び弘道会に深い義理ができるとともに、その暴力的潜在力と資金力を頼もしいものと感じたに違いない。前述した、弘道会が平成一五年に住吉会と戦った北関東抗争における、その機動力のインパクトは強烈で、住吉会系は五人が殺され、一人が重傷を負ったのに対し弘道会は一人が三週間の怪我を負ったのみだった。常時抗争に備えた情報収集と、直ちに出撃できる人員の豊富さ、そして殺すだけ殺してさっさと終わらせる手仕舞いの鮮やかさは、命令系統の強靭さと不断の訓練を彷彿とさせる。工藤会長としては國粋会の将来的安定を考え、山口組の傘下に加わるのをよしとしたのである。

一方の山口組にとっては史上最も意味が深く重大な新組織の加入である。いよいよ日本統一の夢へ歩を進める端緒となすことも不可能ではない。満身に暴力をたたえ全国侵攻に邁進していた若き日の田岡親分なら、國粋会の貸しジマを手掛かりに一世一代の大仕事に取り掛かっただろう。はたして新生六代目山口組はどう出るのか。その答えは徐々に明らかになっていく。

†怒濤の盃外交の行方

國粋会の電撃加入とともに司六代目が就任早々世間をあっと言わせたのが、誰もが解決できなかった中野会問題で中野太郎会長を円満に引退に導いたことだろう。司組長は、六代目就任前の若頭だった短期間に、独立団体だった竹中組・竹中武組長をまじえて、中野会長と談判に及んでいたという。円卓を用意したのは知恵袋の高山若頭なのだろうが、武組長が同席したのは、中野会長側の希望だったようだ。そこで、中野会長側の条件、かつての兄弟分だった渡辺五代目側の条件を見事にさばいて、たちまちのうちに和解策をまとめてしまった。中野会の解散問題は長い間山口組の喉元に刺さった骨ともいわれ、誰がなるにせよ「新若頭」就任の条件とさえ評されてきた。その手際は見事というほかない。

平成一七年九月一五日から六代目山口組は襲名の書状披露のため、全国ヤクザ業界に挨拶回りを始めたが、行く先々で斯界の平和を願う司六代目の意向を伝えた。「手前ども親分は世の中から抗争をなくし、業界の平和共存を心から願っております」と。そしてこの言葉に賛同した組織は少なくない。

同年一〇月一一日、司六代目と五代目会津小鉄会・図越利次会長の代紋違いの舎弟盃が執り行われた。國粋会と違い会津小鉄会が山口組の傘下になるのではないが、成り行き次第では東京に続き、京都も山口組の勢力圏に取り込まれたと解釈できなくもない。はたして東京、京都の二つの重要な盃は、牙を隠しつつ侵食していく道筋なのか、それとも抗争なき平和共存を希求した安全保障協定なのか、この時点では判然としなかった。だがそんなことを考える暇《いとま》もなく、六代目山口組は怒濤の盃外交を推し進めていく。

六代目政権が誕生した平成一七年度中に、東亜会（東京）、双愛会（千葉）、五代目共政会（広島）、三代目福博会（福岡）を司六代目が後見することになった。さらに七代目酒梅組（大阪）、六代目合田一家（山口）を高山若頭が後見することになった。五代目時代から親戚、友好関係にあった団体が多いが、改めて縁を結び直すのは異例だ。入江総本部長がマスコミの取材に答えて言った。

「ほかの団体に対して、こちらから持ち掛けて、どうするということは絶対ありません。友好団体であること、トラブルがないことだけで十分なんです。平和が保てると、自信を持っています。和が力、正義なんです。親分は和をもって運営していくべき、友好団体と一緒に道を歩こういう姿勢でいます」

ここまで来ると答えはすこし見える。司組長は抗争なき平和共存の業界を目指している。人生の情熱のほとんどを抗争にささげた人が望んでいるのは平和だった。どんな時代にも常に高い戦闘力を保持し続ける親分の心には平和への希求があった。

司親分と、このことで話したことがある。

「抗争はないほうがいいと思ったのはいつごろからですか」

「昔からそうだよ。特に俺が長い懲役に行った時その思いを強くしたね。懲役は自分が辛いだけでなくまわりを苦しめる。それに出てきた時、皆についていけなくてね。後れをとった気分になる」

そんな思いを配下にもさせたくないとのことだ。司組長の言葉は恒久平和と全国制覇の野望を天秤《てんびん》にかけた場合、秤《はかり》は明らかに「抗争なき新時代」への希求に傾いていていた。

3　戦争と平和

†抗争なきヤクザ社会

司組長の銃刀法違反事件の上告審で上告棄却の決定が出て、平成一七年一二月五日、司組長は自ら出頭し収監された。同年七月に六代目に就任してからわずか四か月あまりでの下獄であったが、それまでに内政、外交に電光石火の改革策の方途を示して、後事を腹心の髙山若頭に託しての収監だった。もちろん、組長みずからが服役し社会不在に陥るなど、山口組の歴史始まって以来のことである。このとき司六代目は六三歳で会社員なら退職後の余生を考え始める年齢といっていいが、司組長には新時代の当代としての意欲が漲《みなぎ》っていた。常人にはないストイックな意志と、忠実な家臣として仕える髙山若頭への全幅の信頼なくしては胸を張って服役などできるものではない。

翌平成一八年一月二五日、山口組は組長の誕生日に合わせて新年会を挙行したのだが、この機会に山口組としては初めて親戚、友好七団体を山口組本家に招待した。画期的なことで、平和共存の象徴的出来事として内外の注目を集めた。

司組長の強い意向による平和共存路線は全国極道社会の共感を呼び、この年史上初めて抗争ゼロ年という成果が実ったのである。

そもそも山口組で抗争禁止が真剣に言われ出したのは暴対法が国会を通った頃からで、やはり暴力団専用の法律はヤクザ業界に大きなプレッシャーをかけていた。当時は抗争時に事務所の使用が禁止されるという条文が効いたようだが、一四年後図らずも抗争ゼロ年を経験した日本中のヤクザは、その素晴らしさを改めて噛み締めることになる。

山口組にとって抗争をなくしたいと願う原因になったのは、なんと言っても「共謀共同正犯」論の拡大解釈と民法上の「使用者責任」の拡大適用が影響している。司六代目は「ヤクザの行動原理から共謀を推認できる」と認定され、渡辺五代目も「抗争は事業だから、事業遂行上の不法行為につき組長は責任を負う」と認定され、いずれも腑に落ちかねる理由で屈服させられた。国に勝てる道理がなく、自衛策としては抗争をなくすことと、当局につけいる隙を与えない組織精鋭化、そのための徹底的な網紀粛正しか選択肢はない。

†国が考える暴力団像の虚構

裁判所の見解というのは実は裁判所が考えた事ではなく、検察側が証拠として出した資料を見て、その証拠中の意見を採用したものである。検察が出した証拠というのも検察官が考えたものではなく、警察が多くの事例や識者の論文、アンケートなどを参考にして見解をまとめ証拠化したものだ。ちなみに私の著書『悲しきヒットマン』や実話誌の記事なども資料として研究されている。要するに警察が暴力団をどのように見ているかということが裁判所の判断になり、国の見解にもなるのである。

警察の見解はこうだ。集団は何を目的に集まっているかについては、金を稼ぐのが目的と考えられており、その意味でヤクザは職能集団である。集団には、構成員の行動を規制する独自のルールがあり、集団の形態としてはピラミッド型の階層構造になっている。一般人が暴力団に抱いている恐怖心を逆手にとって、ゆすり、たかりを中心とした市民への寄生が生業の手段である。みかじめ、取り立て、不動産関連、土木建築、産廃、ヤミ金等に至るまで、「暴力団は恐ろしい」という相手方の思いを利用した威圧をもって、不公平、理不尽な利益を得るのが狙いということになる。

従って「怖い」という思いを常時作り出しておかないと傘下組員の仕事が成り立たない。怖いとの思いを作るのが暴力団抗争であり、街中での発砲、家屋へのダンプ突入、繁華街での乱闘など、暴力的威迫力が強いほど、国民の恐怖感を増大させる。当事者が望んだ結果ではなくても、一般人が暴力団抗争の巻き添え被害に遭うと恐怖心はさらに増す。

官僚や警察の考えによれば、抗争は恐怖を生み出すツールなのでそれは仕事、即ち事業とみなされる。ただ組自体は金儲けをしているのではなく、代紋の使用を許可するのが仕事である。シノギは組員各自の責任において行われており、組織が指導するものではない。そして組員が稼いだ金は代紋を使用する必要経費として上へ上へと貢がれていく。

だいたい国は右のように暴力団をとらえているが、この見解に反論するとすれば、第一に組、一家は生活の手段を与えるという一面もあるが、社会に行き場を失ったあぶれものたちが風が吹くとちりやほこりが一か所に吹き寄せられるように仲間を求めて自然と集まってきたものであること。組織の機能は構成員間の相互扶助を手助けしていること、代紋は脅しの道具に使うのではなく心の支えとなっていること、ヤクザは職業ではなく生き方であり、犯罪を目的とした結社ではないこと、などが言えるだろう。

もっとも、国がいうように代紋が有効だったのは暴対法以前の話であり、特殊詐欺や強盗、詐欺、窃盗などでは代紋をひけらかす必要はなく、むしろシノギの足かせになる。暴力団として組員は警察に記録されており、検挙される危険が極めて高くなるからだ。その意味で、代紋の威迫力はすでに効力を失って久しく、国が規定する暴力団の社会的な存立構造は虚構と化していると言わざるをえない。

余談だが日本は一般国民から暴力を極限まで奪っている国だということも知ってほしい。だから小さい暴力でもインパクトがあり、日本ヤクザの暴力は世界の組織犯罪集団のなかでは非常におとなしい部類なのだが、国民の暴力団に対する恐怖心は軒並み強い。ちなみに暴力的傾向を国別で比較してみると、国民一〇万人あたりの殺人発生件数では中南米カリブ圏の地域が最も多く、一位がエルサルバドル、二位がベネズエラ、三位がジャマイカとなっている。日本は一六八位で大国のなかでは突出して安全な国である。

†平和共存の理念が試された「東京戦争」

平和共存路線はその後も強化されており、平成一八年には三代目浅野組（岡山）串田芳明組長が司六代目の代紋違いの舎弟となった。串田組長がインタビューに答えている。

「今回の話は春頃からあったんよ。理由はただ一つ。抗争のない世の中にしたいという理念に共感したんや……抗争のない任俠界を作るにはどうしたらいいかと……その結論が盃という形で結実したんよ」

六代目山口組はまた直参組長が他団体と結縁することも許諾した。平成一九年には三代目俠道会（広島）・池澤望会長が山口組・寺岡修若頭補佐（俠友会会長）と兄弟盃を交わして両団体が親戚関係となり、二代目親和会（高松）・吉良博文会長が山口組・光安克明幹部（光生会会長）と兄弟盃を交わして同じく友好団体となった。かつて山口組と緊張関係にあった西日本の独立団体が、ことごとく親山口組となったのである。

さらに山口組は同年、松葉会（東京）と団体としての親戚関係を構築し、平成二二年四月に行われた稲川会（東京）五代目継承式（清田次郎新会長）では司六代目が後見人を務めている。六代目山口組の新体制が率先して推し進めた平和共存路線だが、全国の極道もそれを望んでいることが図らずも明白となり、司組長は牽引役を務める業界の盟主となった。その過程では、高山若頭の強力な指導力が精彩を放っている。

司六代目の平和共存路線の信憑性が試される事件が平成一九年に起こった。

二月五日港区西麻布に駐車された車中で住吉会住吉一家小林会直井組・杉浦良一組長代行が國粋会組員によって射殺された事件である。

背景事情として次のようなことが考えられた。山口組の直参となった國粋会は勢力を増し、その勢いを駆って、貸しジマしていた小林会に賃料の値上げを請求した可能性がある。別のもう一点は、山口組系太田会が組事務所を出す、出さないで、小林会ともめていたこと。そして事件については、犯人が狙っていたのは小林忠紘会長であり、杉浦代行はたまたま会長車の後部座席に座っていたため間違われた可能性が高かったことが分かった。住吉会側は当日と翌日、山口組関連のマンション三か所を銃撃し、本格的抗争に発展しかねない様相を見せた。

一連の発砲事件は東京戦争と呼ばれたが、この抗争に対し山口組執行部がとった方針は、射殺犯が誰かも分からない早期に事態を収拾することだった。射殺の二日後、同月七日には早々に執行部を代表して滝沢孝若頭補佐、入江禎総本部長、橋本弘文若頭補佐が上京し、住吉会の関功会長代行、太田健真総本部長と和解の話し合いに入っている。

東京の縄張りを巡って山口組執行部が当事者として土俵に上がるなど、ある意味夢のような出来事で、その事実だけでも時代は変わったと言える。しかも貸しジマをどうするかという根本的な問題で話し合いに入っており、万一こじれれば日本の極道地図が書き換えられかねない大切な話し合いである。

結果は、貸しジマ内に新規利権が生じた時は別途協議するが、基本的に貸しジマ問題は現状維持とするという内容で、同月八日に決着した。つまり山口組は既存の秩序を乱すような無理を言わず、抗争終結を最優先したことになり、六代目山口組の平和共存は本物だった。

しかしこの和解の一週間後、國粋会工藤会長が自殺するという衝撃的な事件が起こった。動機が住吉会に関連しているか否かは判然としないままだが、山口組に入って僅かの間に自ら命を絶つとは余程の苦悩があったのだろう。

関東に本拠を置く住吉会、稲川会、松葉会、双愛会、東亜会の五団体は親睦団体「関東二十日会」のメンバーとして常日頃親密な交流がある。そして山口組は住吉会以外の組織とは親密だが、住吉会とだけは親戚、友好団体のいずれの関係も築かれておらず、それ故に両組織はこの後立て続けに衝突することになる。

†抗争の時代の終焉——仙台抗争・埼玉抗争

平成一九年三月仙台で山口組系二代目宅見組傘下組員と住吉会系早坂会が揉め（仙台抗争）、

二〇年三月には山口組系二代目小西一家が住吉会傘下組織と衝突している（埼玉抗争）。ただ両組織とも抗争の早期決着には強い意欲を示しており、大局的に見て平和共存を志向する流れは定着していたとみるべきだ。抗争のメリットよりデメリットのほうが大きいと認識される時代に変わったのである。

埼玉抗争では埼玉県警と検察庁が、組織犯罪処罰法の広範囲な適用を実験して、四〇人もの小西一家組員を逮捕している。最後は落合勇治総長まで逮捕、その後起訴されたが、実行犯以外にトップまで追及されることは予想外の事で、以前からの常識では考えられなかった。組織犯罪処罰法ができた以上、抗争殺人などは組織丸ごと検挙が可能という警察、検察の方針だった。

落合総長の初公判は五年後の平成二五年五月に開かれたが、検事が裁判員に向かって冒頭陳述でこう述べている。「ヤクザ社会では報復行為をカエシと言います。カエシをしなければ他組織からナメられ、また恥とされているのです……組織の面子を守り、威信を保つため……暴力団特有の論理から組織的な報復に動いたものです」

捜査の初めからこんなストーリーで事件を作り上げた疑いが濃厚で、総長を有罪にするため配下組員の供述をデッチ上げた。控訴審において当の組員が虚偽調書作成の経緯を詳しく証言したが、時すでに遅し。高等裁判所は「いまさら言っても信用せず」と見向きもしなかった。

落合総長は逮捕直後から一貫して無罪を主張しているが受け入れられず、「無期懲役に処する」との判決が確定した。

小西一家の件で埼玉県警が組織犯罪処罰法を使って組員を大量に検挙したことや、捜査時に親分の教唆を認めた組員が後の公判廷で虚偽調書作成経過を詳細に証言しても、裁判所は一顧だにすることがないという不条理は、ヤクザ業界を恐怖に陥れた。もはや組をあげての抗争など絶対にできないと認識すべき時代に移行したのである。

この時期、府中刑務所で刑に服していた司六代目は、度重なる住吉会との抗争に胸を痛め、住吉会との友好関係を結びたいと強く願っていたようだ。出所前に、住吉会トップである西口茂男総裁から見舞いのメッセージを受けた件も追い風となり、平成二三年四月、出所から一か月後には早くも住吉会福田晴瞭会長とのトップ会談を実現させている。司組長の平和共存への強い執念をうかがわせる。抗争なき極道社会を皆が望んでいるのはもはや疑う余地がなく、抗争が事業という認識の時代は遠い過去のものとなった。

4　組織改革の理想と現実

†田岡原理主義への回帰

六代目山口組が目指したもう一つの目標は組織改革である。どう改革しようとしていたのかについて、いくつかの標語が用いられているのでそれを手掛かりに探ってみよう。

原点回帰、温故知新、先人顕彰、信賞必罰など、田岡三代目を彷彿とさせる熟語が並ぶ。司組長が田岡イズムに心酔し田岡親分を心から崇拝していたことはよく知られている。人生で二回の長期受刑を経験しているが満期出所したその日、イの一番に田岡親分の墓前に参ったことも有名な話だ。しかし原点回帰、温故知新の意味するところは判然としない。

司組長が下獄した平成一七年度は事始めが中止され納会に代わったのだが、親分が事前にしたためていた皆へのメッセージが、高山若頭によって代読された。

「……納会に先立ち一言、組員諸氏に対し、感謝と親愛の挨拶を申しあげるものである。……今後は環境の変化に対応できる組織であることはもちろん、山口組が二一世紀に生き残り、確固たる基盤を構築するための最善の道であると確信し、組織改革を断行したことを強く申し上げておきたい」

「我々は今こそ山口組の過去の成功体験を捨て去り、自分たちの存在価値を見つめ直し、今取り組むべき仕事は何かを真剣に考え、再出発すべきである」

ヤクザの世界には本音と建前があることは先に述べた。六代目親分が残した右の言葉の中で、時代の変化に対応し山口組が二一世紀にも生き残る基盤を作る、というのが本音の部分だろう。それ以外にも六代目山口組は抗争厳禁、不良外国人との接触厳禁、麻薬禁止を何度も通達しているのでこれらも本音だと思う。

何故不良外国人との接触を禁止するのかは、彼らがアウトローとしてのルールを無視した悪事を働くうえ、日本のヤクザに金を落とそうとしないからだろう。日本で悪いことをする時はヤクザに許可料を払わねばならないが、その慣行をまったく理解しない。その点半グレはまだ手の内に入ってくる余地があるので、相性が合う。やはり日本文化を理解する下地がないと共同歩調はむつかしい。

一方、麻薬撲滅は田岡親分が生涯一貫して願ったことだ。薬物に侵されると人格が変わってしまうので田岡は心底憎んでいた。しかしヤクザ渡世を歩く人間は覚醒剤使用経験のある者が多いし、ヒットマンで走る組員は高い確率で使用経験がある。現実問題としてグレーゾーンの経済活動（飲食店の守り代、ノミ行為、民暴など）からも締め出されたヤクザの収入源のトップは覚醒剤となっており、今後組織が潜在化すれば麻薬への依存度は確実に高まる。薬物をシノギにしている組は「売るのはよいが、自分では使用するな」という掟で商売しているのだが、「麻薬禁止」が建前にすらならない時代がもうそこまで来ている。

†原点回帰、温故知新の意味するところ

組織改革に関して司組長は下獄前に断行している。わずか数か月という短期間に電光石火の勢いで何をなしとげたのか。

それはまず、執行部等の人心刷新をしたことと、新たに幹部というポストを設けたこと、慶弔委員という役職を作ったこと、先人顕彰に励むよう訓示し、山口組組碑を建立するよう指示したこと、関東、中京北陸、大阪などごとに直参を連携、統制させるブロック制を重視する方針を打ち出したこと、倉本組、二代目小西一家などの伝統ある名跡を復活させたことなどがある。

司組長が行なった改革の特徴を言えば第一に、新しい人材を登用して彼らの競争心を刺激している点だ。田岡組長は人材育成、人心掌握術に優れた人だが、特に競争心をあおって組員のやる気を引き出す手法に習ったものだろう。幹部というのは明確に次期執行部入りの候補者と

位置づけられたポストで、まずは幹部に選ばれるために競い合って切磋琢磨せよということだ。次に印象深いのは先人顕彰を重視することだ。田岡親分の祥月命日の勤めを欠かさないことや墓所の清掃を義務付け、温故知新をスローガンにしたことがあげられる。先達に謝意を表明し組員の結束を強化する狙いがあるようだ。

なにより三代目親分に学ぶという姿勢が強いことが特筆される。志なかばで暗殺された四代目、機能不全に陥った五代目の時代を手本にすることができない以上、結局それは時代に即した試行錯誤の組運営になると言ってもよい。

六代目親分のいう原点回帰、温故知新が田岡組長を指していることは間違いないが、田岡三代目のどの部分なのかが大事である。

あくまでも私見だが、司組長が下獄した後のいわゆる弘道会方式（綱紀粛正を徹底し、組員に対する管理統制を強化した統治方式）の導入や直参の強引な世代交代などをみると、原点回帰の原点、温故知新の温故とは、田岡組長の絶対性を意味しているように思える。正業を持てとか、麻薬をやるなとか、そういう小手先のことではなく、腹心の山健若頭が田岡の顔色を見ただけでその意を汲んで組を動かしたように、代紋頭が圧倒的なカリスマ性を持った鉄の結束を誇る山口組を原点と言っている。そのためには中央集権を極め、絶対君主が治める山口組を皆で作れということだ。

温故知新も同じことを言っている。五代目時代の側近政治が破綻したことを反面教師として、障害になる人物は淘汰してよいという意味が含まれており、残るのが神格化された親分と、イエスマンの配下だけになるならそれでもよい。残された若手が持てる能力を発揮し、一丸となって強い山口組を作り、二一世紀に継続していくということではなかろうか。

†新体制は人心刷新と綱紀粛正

平成一七年一二月、納会で司組長の言葉が発表され、それを機に新執行部による六代目山口組の運営が始まった。手始めに一二月末、かつて恒例行事だった餅つき大会を復活させ、年が明けた一八年一月二五日には前述したように、六代目親分の誕生祝いを兼ねた歴史的と言える新年会を挙行した。山口組本家に初めて親戚友好七団体が招かれ、全国極道界の平和共存という新時代への幕が開けられた。六代目新執行部の意気揚々たる船出だった。

親分不在での指導者は二人、強烈無比のリーダーシップを発揮する髙山若頭と、生真面目一本の入江総本部長である。二人が六代目山口組の礎を作った。新生山口組のスタートは熱気にあふれ、寺岡若頭補佐や後に執行部に加わる井上邦雄、正木年男、池田孝志らの補佐連を加えたトップ陣は強い結束力を誇るかにみえた。当時の執行部は働く意欲に満ちており、加えて髙山若頭を見習うように、自然発生的に全国の直参が山口組総本部に日参するシステムが構築されると、ますます志気は高まった。

執行部は組織内の序列を明確にし、直参同士は役職名で呼び合うよう指導した。上意下達の縦軸を明確にし、口の利き方もタメ口を禁じて上位には敬語を使うよう指導するなど、本家に集う直参の挙措、所作の一つ一つにまで目を光らせた。組としての綱紀粛正を第一義とする一方、信賞必罰の実践として受刑を終えた功労者の出所祝いを積極的に行い、直参の参加を半ば義務付けた。先人顕彰としての法要、墓参も頻繁に行われるなどした結果、六代目体制になって直参は本家に体をとられることが多くなった。

一方、シビアな現実も指摘しなくては公平でない。

直参組長に課される会費が五代目時代より値上がりし、加えて山口組が運営する別会社から日用品や雑貨品を購入するよう要請され、出費も増大した。会費が増大したのは平和共存を目指した積極的な外交経費や、次々と山口組を去る直参衆への退職金等、臨時出費もある。当時の執行部の考えとしては地元に帰れなくとも（経済的にも）留守を任せられる若い衆を持たないようではプラチナ（山口組直参）として失格、自分でシノギに精を出さねばならないようでも失格という考えである。

こうして組織の統制は強まり、ピラミッド型の厳しい指揮系統が徹底され、徐々に中央集権を目指す弘道会方式が導入されていく。本部から直参に電話があれば決められた時間以内に折り返し連絡をせよ、という軍隊式の服命もとり入れられるなど、五代目時代のよく言えば奔放、野放図、悪く言えば統制の取れない組織形態はこうして否定されていった。それは後述するが、強大化した警察権力からの組織防衛のため必要な「精鋭化」の措置だったと言える。

何故こういう統制強化ができたのかは、第一に髙山若頭の真面目さ、熱心さ、指導力、特に親分が留守故に余計に増幅された気負いの強さだと思われる。新執行部にやる気があったことと入江総本部長も懸命に若頭を支えたことが、本家に集う直参親分衆の雰囲気をガラリと変えた。

執行部が断行した組織改革で次のことは特に重要なので触れておく。

それは多くの直参組長を辞めさせたことだ。理由は種々あるが、簡略にいうと世代交代、若手起用のかけ声のもと、老化組織・虚弱組織の排除、働きの鈍い古株追放、会費が払えない直参は除籍、口答えする組長は破門、運営に異議を挟む者は絶縁、髙山若頭より本家でのキャリアに長ける親分は極力引退勧告、六代目誕生で世話になった親分も疎ましいので引退奨励というところだが、要するに使い易い人間を残して、返事の悪いのや、腰の重いの、金をもってないの、ちょっと煙たいのは追い出すというニュアンスである。

ただし配下の子分たちは全て六代目山口組が引き取るので、トップだけ入れ替える方式だ。配下の組員に逃げられないように直参に引退を勧告するより前に、配下に根回しすることが多い。強引ともいえる手法だが、これも世代交代にはちがいない。いわゆるリストラによって新組織を若がえらせつつ活性化させ、権力基盤を磐石なものにする意図である。ただそれが高じて、六代目山口組の人事は新しい役職を設けたことも含め、かなり目まぐるしいものになった。

六代目の初期の頃、入江総本部長がインタビューでこんなことを言っている。

「警察や世間の目も厳しくなっている時代に、昔のような意識でやっている人はいずれ淘汰されます。六代目体制の方針を良く理解して行動することが直参の条件となります」

若頭以外のポストはいつ更迭《こうてつ》されてもおかしくないという状況で、安心できる地位ではない。事実、直参に意識改革を促した入江総本部長も任期途中で執行部の中核からはずされ、舎弟頭に横滑りしている。政権の内閣改造もそうだが、人事によって組織に求心力が生まれるのでないなら性急に手をつける必要があったか疑問である。

5　後藤組長除籍と大量処分の衝撃

†後藤組長処分の意図

人材整理で最も大きかったのは後藤忠政組長（当時は山口組舎弟）の除籍、そして引き続くように大量の直参組長を処分したことである。後藤組長が除籍になるとの噂が広がったのは平成二〇年一〇月一四日だ。瞬く間に山口組関係者、全国極道筋、警察関係者ならびにマスコミに伝搬して大騒ぎになった。

後藤組長といえば山口組直参のなかでは知名度が群を抜いているヤクザだ。後に出版された自叙伝『憚りながら』が、ヤクザの手記としては『田岡一雄自伝』に次ぐ空前のベストセラーになったことからも分かる。関東では後藤組の凶暴さはとくに恐れられており、氏の人物像には高い関心が集まっていた。経済ヤクザと評され、巨額の資産を形成した稀代の成功者でもある。山口組に対しての貢献も大きく、山一抗争での働きや六代目誕生に力を貸したことなど、処分の対象にするにはあまりにも大物すぎた。

処分に先立つ、同年一〇月二日発売の「週刊新潮」が、後藤組長の誕生祝いコンペ&パーティーに著名歌手の細川たかし、小林旭、角川博、松原のぶえらが参加していたと報じ、社会問題になったのが発端となる。

執行部の処分理由は、病気を理由に定例会を欠席しておきながら、芸能人を呼んで派手な誕生祝いをしたのが綱紀に反するというものだ。後藤組長の実績を考えるととってつけたような理由で首を傾げたくなる。口頭で注意して「今後気をつけてください」と言えば済む程度のことだと思うが、それを山口組から追放するからにはほかに理由がある。

あくまで推測だが、後藤組長が金を持ち過ぎていたこと。腰軽く動く相手でもなければ、執行部のやり方に安易に同調する人物でもない。後藤組長は直参を相手にした日用品の販売にクレームをつけたというが、この問題は口にするのが恐ろしくて誰も言えなかったことだ。皆が競うように日用雑貨品を買っており、文句など言ったら処分は必至である。後藤組長はこのタブーに触れた。しかも後藤組長は滝沢組長とともに渡辺五代目に引導を渡して六代目を実現させた功労者でもある。新執行部にとってはそれだけでも重い存在なのに、規律を乱す振る舞いをされたら示しがつかない、是非とも引退願いたい、となるのだろう。

除籍報道のあと後藤組長が処分に納得しないという情報が流れ、一時は緊張が走った。しかし一六日には氏自身が除籍引退処分を受け入れ、事態は急速に収束した。氏はアメリカで肝臓移植手術を受けており、当時は意地を張れるほど健康ではなかった。後藤組傘下組員たちは二団体に別れて山口組直参となり、大騒ぎをしたわりには、後遺症（遺恨）が残らず収まったと思う。収拾直後、私は後藤さんと港区南麻布の喫茶店で会っている。

「先生、清々したよ。さっぱりしてるよ。俺も歳だしさ。もうゆっくりさせてもらうよ」

そう感慨深げに言っていたが、ゆっくりするような性分とはとても思えない人だ。

†直参組長大量粛清処分

同じ平成二〇年、後藤組長の処分と並行するように執行部は一〇人の直参を処分し、翌年また三人追加処分した。後藤組長の処分に抗議する連判状に名を連ね謀反を企てたとのことで、六代目体制に反旗をひるがえすクーデターとみなした。ただ謀反といっても体制を転覆させるなど実際は不可能なことで、行動に移すとしたら皆で辞めるしかない。

たしかにこの頃、統制と管理を強める執行部についていけないグループが一定数いたのは事実だ。私は一人を除いて処分された組長全員にその後面会しているが、経済的に苦しかったという人が多かった。六代目になって会費が上がったことや、無理して日用品を買っていたこと、神戸の本部に日参するための経費、常駐するのに必要な費用、度重なる臨時徴収など、不況と暴排のダブルパンチで収入は減る一方なのに徴収はきつくなったという。

ヤクザはある意味サービス業だが、世間の経済動向に概ね連動する。よかったのは平成三年頃までで、六代目に突入した時には「失われた二〇年」といわれるどん底時代で、ヤクザ業界は構造不況の様相を呈し始めていた。とまれこのクーデター計画は早期の段階で、謀議に加わったとされる直参が大量に処分され、いったん反乱の芽は摘まれた。だが、七年後山健組、宅見組など一三団体が出ていくという大分裂（六代目側のいう謀反）が起きており、その後も面従腹背で運営方針に納得しない勢力があったことも事実だろう。

処分された元直参衆の山口組に対する思いはさまざまだが、世に公にした組長が二人いる。盛力《せいりき》健児氏が『鎮魂――さらば愛しの山口組』、太田守正氏が『血別――山口組百年の孤独』という本を上梓し、この間の顚末を記している。ただ盛力さんが六代目誕生を「クーデター」と言っているが、それは違う。これまで述べたようにあの時渡辺さんは引きこもって執務できる状況になく、職場放棄である。私は奥の院を知る立場にいた司組長、滝沢さん、岸本さんから同じことを聞いている。

管理統制の強化や組員の大量入れ替えが新生六代目山口組の求心力強化につながったか否かは評価が分かれると思うが、いずれにせよ性急で強烈だったことは間違いなく、その結果ものが言えなくて風通しが悪くなったとはいえる。基本的なことだが求心力というものは組織にとって一番大切なもので、求心力あればこそ代紋のために身を捧げる構成員の犠牲的精神や、献身的振る舞いが生まれる。組というのは組員たちのそういう奉仕と犠牲のうえに成り立っており、求心力の低下は組の存亡にかかわる問題である。

五代目時代後期に停滞した山口組の威信回復を急いでの苛烈な綱紀粛正が、その後未曽有の反動を生む下地となっていく。

6 「改正暴対法」と「暴力団排除」

✝決定的だった「暴排」閣議決定

六代目山口組が始まった平成一七年から全国ヤクザ組織の動向がどうであったかと言うと、国の圧力に押されて組織が萎縮していった時代と言える。組員数を見ても、その総数は平成八年から一六年にかけて緩やかに増加しているのに、一七年をピークに減少に転じている。

山口組、稲川会、住吉会のビッグ3について言えば、平成一八年まで業界における寡占率を伸ばし続けたが、一八年からは組員数を減らし始めている。そして一〇年後の平成二八年には半分以下に大激減した。

ヤクザ冬の時代を招来したのが、国民の間に醸成された暴力団排除機運である。

それはいまも沈静化することなく、六代目山口組は発足以来一貫して暴排の嵐に襲われ続けたと言ってよい。誕生の翌平成一八年には厚生労働省が組関係者に生活保護費を支給しない方針を決め、各自治体に通達した。自治体はこれを受けて暴力団排除条項を設け、組員への支給を止めた。その結果組員がヤクザであることを隠して「不正」受給する例が後を絶たず、詐欺罪での検挙例が続出した。食い詰めたヤクザにとって生活保護は最後の命綱だった。

同一八年一二月、政府の犯罪対策閣僚会議で「公共工事からの排除対象の明確化と、警察との連携強化、暴力団員などによる不当介入に対する通報報告義務の導入を進めること」が決まった。暴力団のみならず暴力団関連業者（フロント企業、企業舎弟、共生者）が排除され、工事関係者はそれらしい筋が絡んできたら通報する義務が課せられた。

平成二一年には公共工事以外の公共事業についても入札から暴力団を排除することが決まっている。こうした流れを受け、建設業や産業廃棄物の収集・運搬業、運送代行業など、ヤクザが営みそうな業種の全分野に暴排条項が導入され、抵触した業者が締め出されていった。

平成一八年、神戸では兵庫県警の指導で神戸市内にある大手ホテルが「神戸ホテル6社会暴力団排除連絡協議会」を立ち上げ、暴力団の宿泊、レストランの利用、宴会場の貸し出しなど全ての利用を拒否することを決め、各ホテルで判明し得る限りの組関係者に通知した。そのあおりで山口組本部に詰めることが慣例化した直参の内、遠隔地の者は神戸に不動産を取得せざるを得なくなった。

平成一九年政府の犯罪対策閣僚会議で「企業が反社会的勢力による被害を防止するための指針」が決定され、この政府の方針がその後多方面に大きな影響を及ぼすことになる。

銀行業界では平成二一年全国銀行協会が、「反社会的勢力」との銀行取引を全面的に拒否する方針を打ち出し、暴排条項の雛形《ひながた》を作ったうえ、反社情報を加盟行に提供した。後に暴排条項は暴力団員が身分を隠して口座を開設すると詐欺罪にあたる根拠として猛威を振るい、ヤクザである限り銀行預金はもとより、銀行振り込みや口座からの引き落としが出来なくなった。口座をもてないということは家賃から車両の自賠責保険、国民の義務である年金の振込まで、経済生活は困難になる。マンションの賃貸借契約が詐欺罪にあたるとされ、この銀行口座が使えないことで、すでにヤクザは社会生活を営めず、ヤクザは息もするなといっているのに等しい。安倍内閣の菅官房長官は「我が国において暴力団はあってはならないもの」と定例会見で明言しているほどだ。

大阪府内の公立小学校では金融機関の要請により、入学時に「保護者が組関係者でないことの確認書」提出を児童側に求め、提出できない児童には銀行口座が開けないという事態が起こった。子供が給食費を現金で学校に持っていく不自然さから親の仕事がバレたり、子供が学校でいじめられるということが起こっている。雛形はその後改正され「密接関係者」や「暴力団員でなくなって五年を経過しないもの」にまで広げられたが、ではヤクザの家族や同窓会でヤクザと飲食を共にした民間業者も同罪とみなして排除するのは妥当なのか。世間から人として扱われたいのならヤクザをやめればいいとの声が聞こえてくるが、やめてからも五年間はヤクザに準じて差別を受けることになり、正業につく道を閉ざされた元組員はどうやって生計を立てるのか、ヤクザへの同情を排しても、制度設計自体に欠陥がありはしないか。

†あらゆる業種からの排除が広がる

証券業界は平成二一年、日本証券業協会が自らを「不当要求情報管理機関」として国家公安委員会に登録し、会員(証券会社)に、暴排条項の導入を義務づけ、反社会的勢力のデータベースを警察庁の保有する暴力団情報と照らし合わせたうえ、会員に提供した。暴力団員は証券市場から排除され、取引口座のある暴力団は解約される羽目になった。

不動産業界も平成二一年、国土交通省が業界全体での排除の方向性を提言し、これに基づき不動産流通五団体(全国宅地建物取引業協会連合会、全日本不動産協会、不動産協会、不動産流通経営協会、日本住宅建設産業協会)が契約書のモデル条項として暴力団を排除することや、買受不動産の組事務所への転用禁止を入れるよう、会員業者に要請した。

日本商工会議所、全国商工会連合会、全国中小企業団体中央会、全国商店街振興組合連合会の中小企業四団体は下部組織に対し、暴力団排除の取り組みを行うように通達した。

生命保険協会では平成二二年「反社会的勢力対応プロジェクトチーム」を設置し、普通保険約款の暴力団排除条項のモデル文例を作成し、加盟会社に提供した。契約後に暴力団であることが分かっても契約は解除できるほか、保険給付相当案件でも保険金の支払いを拒否できることになっている。

平成二二年には日本建設業団体連合会が暴排条項の参考例を示して加盟業者に導入を求めた。このほかホテル、旅館業界でも暴力団排除をさらに徹底する動きが起こり、自動車販売業界では暴力団への販売禁止を申し合わせた。プロ野球では早くから暴排宣言をしていたが、平成二一年、大相撲でもこれにならい、維持員席（砂かぶり）からの暴力団締め出しを決めた。

†追い討ちとなった改正暴対法の「賞揚禁止」

平成二〇年四月には簡単な国会審議を経て暴対法の四回目の改正が決議され、早々に施行された。実を言うとこの四回目の改正には極めて重要な条項が追加されている。一つは組織トップの民事的賠償責任を抗争の巻き添え殺人だけでなく、組員のシノギ活動にまで広げたという点と、もう一つは賞揚禁止の改正だ。

シノギの賠償責任は使用者責任の拡大版だが、名前も顔も知らない枝の葉っぱ（末端組員）の稼ぎまで、その所属組織を飛び越えて当代親分に責任があることになった。現実問題として傘下組員を末端まで仮に二万人（山口組組員数は年度によって違うので仮とする）として、一人年収五〇〇万円として（昨今はもっと少ないが）、改正で言う「威力利用型シノギ」が年収に占める割合を五〇パーセントとすると、単純計算で年間五〇〇億円ずつ親分に損害賠償義務が発生していく。

被害者がこぞって請求したら耐えられる道理がない。差し押さえられる財産を自己名義で持たないようにし、執行官が来たら威嚇して蹴散らすか逃げ回るかしか手はないが、法改正により組織上部に賠償責任が生じることになった。改正後、京都のチンピラが入れ墨を見せて八二〇円のハンバーガー代金を踏み倒すという「事件」があり、店側から「山口組の親分に請求する」と通告され、チンピラがあわてて支払ったという事態も起きている。

もう一つの賞揚禁止だが、改正では抗争で事件を起こして服役した組員に対し、その行為を賞揚したり、慰労することを禁じた。「放免祝い」も含まれており、高山若頭が強力に進めてきた信賞必罰の一環としての出所祝いも不可能となった。本家で直参親分衆が居並ぶ中、出所した功労者に万雷の拍手をもって金メダルを授与した五代目時代と隔世の感がある。

なんどもいうが、ヤクザ組織は暴力を土台に存立しており、暴力は組員の犠牲的精神に支えられている。ヤクザから暴力を取ったらただの詐欺集団である。これまで皆が代紋の威嚇力で食ってこられたのは抗争で長い懲役に服している者のおかげであり（現在は事情が異なるが）、法律で禁じられたからといって銃を抱いて走った組員を見捨てるようでは組も終わりだ。

第四回改正の賞揚禁止条文が真実機能したらヤクザの本質が崩壊する。言い換えれば改正暴対法を武器にすればヤクザはつぶせる。まだ持ちこたえているのはそれに対処するヤクザ側のザル法化がそれなりに上手くいっているということだろう。

余談だが、税法違反でヤクザは駆逐できるという意見がある。確かに税法が十分機能したらヤクザはなくなる。暴力団に対して税法はほぼ一〇〇パーセント、ザル法化している。普通のサラリーマンが厳しく税金を徴収されているのと異なり、個人自営業者の集まりである暴力団はかなり楽をしている。税法が機能していないのは証拠がつかめないということもあるが、それ以上に暴力団は実収入も判然とせず面倒な相手であり、警察が動いてくれないと税務署だけで対応できないという実情がある。

なお改正された賞揚禁止規定で、平成二二年入江総本部長が大阪府警に逮捕された。まさにテストケースと言えるが、それは警察だけでなくヤクザ側にも言え、ザル法化への勉強になったことだろう。

平成二一年には暴力団排除条例という予想だにしなかった強烈なボディーブローが九州発で繰り出された。後にこれが重苦しく効いてくることになる。今までの暴力団対策における法体系では、規制する対象は暴力団だった。ところが新しい条例では暴力団に利益提供する一般人を規制の対象にしたのが画期的である。かつて総会屋撲滅を期した商法改正で、総会屋に利益提供した企業側を罰し、絶大な効果をあげたのと同じ手法である。

†暴排条例――「社会対暴力団」への誘導

平成二一年三月、佐賀県で最初に暴排条例が制定され、一〇月には、後に全国のモデル文例となる総合的な暴排条例が福岡県で制定された。結果的にみれば「条例で作るとは、そんな上手い手があったのか」と、うならされるほどのアイデアだった。

背景には、福岡県における暴力団犯罪の過激さが際立っていたことがある。福岡では建設業者や建設工事発注企業に対する拳銃発砲事件が多発していたほか、暴力団排除を行ったゴルフ場支配人が工藤會組員に刺されたり、平成一五年には暴力団追放運動のリーダーが経営するクラブに手榴弾が投擲《とうてき》されるという悪質な事件が起こっていた。加えて工藤會の内部抗争や道仁会と九州誠道会の対立抗争で多数の殺人事件が発生していた。そして条例制定の直接のきっかけは、平成二〇年に起こったトヨタ自動車九州小倉工場への手榴弾投擲事件である。

福岡県は昔より犯罪の多い地域で暴力団組織も全国一密集し、組員による民間へのテロが疑われる事件も多発していた。普通日本ヤクザの傾向として、民間人、民間企業への直接的暴力行使はあまりしないのだが、報道されている一連の工藤會の民間テロなどは異質な執拗さを感じる。

福岡県が先駆けた全国初の総合的暴力団対策条例の特徴は、県民及び県内企業が自主的に暴力団排除に取り組む義務を定め、暴力団への利益供与を禁じたことだ。安藤隆春警察庁長官が、この県民の自覚を定めた条例を高く評価し、全国の警察本部長会議で「警察対暴力団という構図から、社会対暴力団という構図への転換を進め、社会全体で暴力団を孤立させることが必要だ」と訓示した。

そして長官自ら全国の都道府県が条例を制定するよう企図し、各都道府県警察本部長に条例制定の後押しをするよう働きかけた。その結果、全国で競うように条例制定の動きが加速し、平成二三年に東京と沖縄で暴力団排除条例が施行されたことで、全国四七都道府県のすべてが暴排条例を持つことになったのである。

暴排条例はヤクザと社会のあり方を決定的に変えたといわれる。暴力団の違法行為を取り締まるのではなく、その活動を維持、助長する恐れがあるカタギを罰するとの国家意思が発動された影響は計り知れず、これ以後、ヤクザと密接交際する業者や芸能人、その家族までもが

「反社」なる官制用語の下で、社会から追放されてしかるべき存在と宣告される。いわば、お上がある階層をターゲットに「村八分」してよい、と暗に奨励しているのだ。

全国のヤクザ総数が約八万人として、その家族や知人友人、銀行・マンション賃貸業者にはじまり、懇意の飲食店、宅配業者やファクスの修理業者、リフォームや自家用車の車検業者まで含めると、ゆうに百万人規模の市民・業者がその対象となるが、実は警察当局内部でも条例が全国で実施された直後、「行き過ぎた運用」を懸念する声があったという。

縁日などでカタギ相手の客商売を生業とするテキヤがこの直撃を受け、ヤクザ組織からことごとく脱落した結果、これまで以上に警察の管理下に置かれることになった。テキヤにとって死活問題とされる露店の「場所割り」は現在では警察主導の下で行われており、商いに母娘やアルバイトを立たせることでかろうじて存在を許されているのが実情である。

さらなる暴排の荒波は首都圏にも敷かれることになった。東京でもみかじめ料を払った店側をも罰する暴排条例改正案が北海道、兵庫、愛知など一二自治体に続いて実施される。

東京五輪・パラリンピックを前に組織の弱体化を狙う当局の主導で、都内二二の区市にある繁華街を「暴排特別強化地域」（暴排特区）に指定。みかじめ料を払う店側への罰則を強めるのが狙いだ。日本を代表する繁華街の赤坂、銀座や新宿・歌舞伎町から、多摩地区の八王子や町田まで、幅広く指定された。

現行の条例では、みかじめ料を払った店を罰するには「勧告」「公表」「命令」の三段階の手続きを踏む必要があるが、改正により、店側からの支払いは即座に懲役もある罰則の対象となる。

改正のきっかけとなったのが、銀座、新橋を中心としたみかじめ料徴収をめぐる警視庁の捜査事件で平成三〇年八月、東京地裁が「金を払った店側が恐怖心をもっていなかった」として、國粋会系組員らに対する恐喝容疑を無罪とした判決だった。改正後は、恐喝の有無にかかわらず、捜査当局はみかじめ料を払った民間業者をも摘発できることになり、他地域にくらべ動く金が一桁違うといわれる首都での組織の経済基盤への影響は甚大である。いよいよ、伝統的な代紋利用型のシノギが金を払う側の意向などかまわず締め上げられ、縄張りの形骸化が進行することになるが、カタギや社会との接点を失ったヤクザがどこに向かうのか、懸念が絶えない。

7 当局による「弘道会弱体化作戦」と髙山若頭逮捕

†警察庁長官、弘道会を名指し壊滅指令

安藤長官は初めて条例が出来たのと同じ平成二一年、二代目弘道会を名指しで「集中取り締まりをして壊滅させる」よう、異例の訓示もしている。曰く。

「弘道会の弱体化無くして山口組の弱体化はない。山口組の弱体化なくして、暴力団の弱体化はない」

「弘道会は警察活動に対する調査をしたり、取り調べや捜査時に徹底した抵抗を示すなど、司法に対する対決姿勢を強めている」

「弘道会こそ、山口組の強大化を支える原動力であり、取り締まりの力を集中させる必要がある」

警察と「会わない」「（事務所に）入れない」「取り引きしない」の三無い主義で知られる警察への対決姿勢は、髙山若頭率いる弘道会を象徴しているかにみえるが、平成二二年一一月一八日、その二代目弘道会会長にして実質山口組を運営する髙山若頭が、京都府警に逮捕された。その激震は瞬く間に列島を駆け抜け、極道業界や世間を大いに驚かせた。間違いなく山口組にとって大ダメージになる出来事であり、警察は暴排最大のターゲットを捕獲することに成功したうえ、暴排キャンペーンの宣伝効果も絶大だった。

逮捕容疑の罪名はみかじめ料として建設業者から四〇〇〇万円を恐喝したというものだ。被害を訴えでたU氏は、京都同和団体のドンとして「自由同和会京都府本部」に所属し、政官財界から山口組、会津小鉄会のトップに至るまで幅広い人脈を持つ大物である。またUは土木建設業者の組織「国土建設協同組合」の代表理事も務め、京都の土木建設業界に深く食い込んでいた人物でもある。

京都には「京都ルール」というものがあり、建設業者は地元ヤクザである会津小鉄会に地域対策費を払って工事を行うという慣行があった。ところがその慣行を無視するかのように六代目山口組傘下弘道会（当時）淡海《おうみ》一家（高山誠賢総長）が「守り料はこっちに払え」と筋違いのことをUに要求し、四〇〇〇万円の恐喝事件にまで発展したというのが当局の描くストーリーだった。

背景となる事実としては平成一七年一〇月、六代目山口組司組長は五代目会津小鉄会図越利次会長と盃を交わし図越会長を代紋違いの舎弟として影響下においた。この盃によって山口組あるいは弘道会が会津小鉄会の建設利権に手を突っ込みやすいバックグラウンドが醸成されていたとはいえる。

事件化の発端は同七月、淡海一家相談役NがUに「お前はワシの仕事をつぶした。ワシの利益分三億円払え」と因縁をつけたことに始まる。Nによれば U は京都の業者なのに滋賀県にまで出張って工事を請負いながら、滋賀県を仕切っている淡海一家に話も通さず金も払っていないという。この因縁がきっかけになりUは淡海一家から守り料を払えと要求されるようになっていった。Uにすれば京都は会津小鉄会が仕切るはずで弘道会傘下の組が守り料を要求するのはおかしいとの思いがある。そこでUは人づてに山口組入江総本部長に淡海一家の要求を抑えてもらうよう仲介を依頼する。依頼を受けた入江総本部長からは「京都は会津小鉄会、滋賀は淡海一家と確認した」という返事が来たものの、その連絡とは裏腹に淡海一家からの要求は一向に収まらず、策に窮して警察に相談したということになっている。

事件の過程で、Uが提供する守り料は淡海一家を窓口にして「頭《かしら》（高山若頭）に持っていく」という話が出ており、同年一〇月にUと髙山若頭本人との会食の事実がある。その席で髙山若頭が淡海一家総長らを指して「日頃これらが世話になっている。今後も仲よくしてやってくれ。仕事も力を合わせてやってくれ」とUに言ったという。会食の後日Uは淡海一家関係者から「先日頭との宴席で、我々、全面的に面倒を見ることになった」「面倒を見るお代として、みかじめ料を持ってきてほしい。名古屋の頭に届ける」と言われた。Uが拒否するとUの会社や営業所、車が銃撃されるということがあった。

髙山若頭が検挙されたのはそれから五年後のことである。当時Uは警察に相談していたが、警察は動いていない。安藤隆春警察庁長官が弘道会壊滅指令を出してにわかに京都府警が事件化したものだ。逮捕直後の山口組内は、古い事件でしかも若頭の関与が極めて薄いということで、楽観論が多かった。

だがその考えは甘すぎたのだ。山口組顧問弁護士故に人生で二回起訴され、二回目に弁護士資格を失った私がいうのも変だが、警察長長官が弘道会弱体化、壊滅の号令をかけたうえで髙山若頭の身柄をとったのであり、逮捕の時点で検察でも起訴、有罪にもちこめるとの自信がなければ着手できるものではない。相手は圧倒的に山口組の権力行使を握っている人物にして実のところ山口組改革は彼一人でやっていると言っても過言ではない大物だ。捜査、司法権力が一体となって「髙山若頭有罪」のストーリーを構築済みであると認識すべきだった。

国策捜査に基づく事案の裁判では、裁判所は当局の意を汲んで「有罪は明らかである」と認定し、それらしい理屈で飾り立ててくれる。最後には「ヤクザの行動原理からして、配下の組員が髙山若頭に無断で同人の名前を使えるとは考え難く、若頭の共謀はゆうに推認できる」と万能の屁理屈を持ち出される。暴力団に勝ち目はない。

一般国民は知らないが、日本の裁判が絶対信頼できると思ったら間違いで、起訴された案件の中には公権力の立場を忖度する事件というのが一定数存在する。

山口組にダメージを与えるという国家の意思によって髙山若頭が刑に服したことで、権力の空白が生まれ、その不在中に大分裂を生むことになった。仮に髙山若頭が社会にいたら入江さんが分裂派の話に乗ることはなかったであろうし、前述した「大量処分」のときのように分裂派の動きは事前に察知されたはずだ。その意味で、のちの大分裂は捜査・司法権力が作り出した（彼らにとって）大収穫といっても言い過ぎではない。

暴排条例の広告塔に擬せられた大物タレント

山口組と付き合うと大変な目（社会的制裁）に遭う。暴排条例の趣旨を、圧倒的な情報量で国民に知らしめたのがタレントの島田紳助氏である。彼によって日本中の国民が「今後は暴力団と付き合ってはならない」と知るのである。平成二三年、島田氏は突然記者会見を行い「暴力団との密接交際があったので芸能界を引退する」と発表したが、レギュラー番組を何本も持つ当代きっての売れっ子芸人である。世間はヤクザと一緒になってどんな悪事を働いたのかと仰天した。

だが報道をよくみると、以前に番組で喋った言葉に右翼が難癖をつけ、本人が引退しようかと思うほど悩んだことがあり、その右翼とのトラブルを大物ヤクザに解決してもらったというのが馴れ初めという。大物ヤクザとは山口組の橋本弘文若頭補佐（当時）のことで、島田氏はそれ以来、橋本会長と数回交流があったという。それくらいなら昭和六二年に起こった右翼の皇民党による竹下登元首相に対するほめ殺し事件で、稲川会が妥協案を仲介した時より悪質性ははるかに低い。芸能界で成功の頂点にいる人が、何故それくらいのことで引導を渡されるはめになったのか。

一般視聴者として釈然としない部分が残る事件だが、島田氏が髙山若頭と写っている写真が続報じられると擁護の論調は消え、バッシング一色になった。暴力団との交際は悪であり、交際するとひどい目に遭うと国中に宣伝され、警告の効果は絶大だった。組長と同級生の土建業者が同窓会で酒を振る舞ったのが密接交際として制裁を受けるなど、暴力団とかかわりのありそうな人間を片っ端から萎縮させ、警察の横暴を許容する下地が見事にできあがっていった。

†司六代目に言わしめた「異様な時代」

司組長が府中刑務所を出所したのは、平成二三年東日本大震災の翌四月である。

このとき身柄拘束中の髙山若頭とは会えぬままの出所だったが、ヤクザ社会を取り巻く厳しい環境は認識していた。出所後の同年一〇月、六代目組長になって一度だけ取材に応じた前述「産経新聞」のインタビューでこう語っている。

「異様な時代が来た。一般市民、善良な市民として生活しているそういう人達が我々と同じ枠組みで処罰されるということに異常さを感じている」

司組長は過去の第一次頂上作戦をも上回るというべき警察、マスコミ、一般社会からのバッシングに、いささかもひるまない強い決意を述べた。出所後には「地域に根付いた分散型の組織」への指向を促し、地域から愛されないまでも忌み嫌われない山口組を目指すとした。

実際、東日本大震災に際して六代目山口組は、東北への幹線道路の入り口として新潟の拠点に全国から大量の物資を集積し、密かに被災地へとピストン輸送して無料配布したほか、瓦礫の除去や復旧作業にも直参が率先して駆けつけている。そうした義捐活動は、田岡三代目の時代以来いまだ山口組が社会との接点を失っていないとの自負に基づくものであったろう。司六代目の肝いりで復活した総本部敷地内での「餅つき」を周辺住民に開放したり、近所の親子連れの要望に応える形でハロウィンのお祭りを総本部で開催したりしているのも、そうした思いに裏打ちされていよう。

だが司六代目の「時代に即応し進化する山口組」への願いをよそに暴排社会の現実は想像をはるかにこえて進行しており、ヤクザ存亡の危機が問われる時代に入っていた。そこへ、さらなる未曽有の危機が山口組を襲った。

8　創立百年目に起きた分裂劇

†寝耳に水の離反騒動

週刊誌記者の方から「分裂」と聞いた時耳を疑った。平成二七年八月二七日のことだ。井上邦雄、入江禎、寺岡修、正木年男、池田孝志の各組長ら一三名が六代目山口組を離脱した。一〇年前司組長の継承式が行われたその同じ日に、しかもこの年の一月二五日（司組長の誕生日）には、親戚、友好二二団体の首領を招待して賑々しく山口組創立百周年の記念式典が挙行されたという、その祝うべき年に。祝賀ムードを吹き飛ばして余りある衝撃的な事件である。

よりによって外へ出たのは六代目の立ち上げに情熱を傾けた執行部の元中心メンバーではないか。実は私もその一員であったのだが、皆な新生山口組の立ち上げのために汗をかき、懸命に働いた。そんな人たちが盃を返上して山口組を離脱するとは尋常ではないし、そこまで思い詰めていたとは身近にいた私でも信じられない。

「誤報であってほしい」と願ったが、否でも応でも事実として受け入れざるを得なかった。誰の脳裏にも、あの山一抗争の惨劇が思い浮かぶ。

何故との思いと、責任はないが悔やみに似た感情が沸く。司六代目が出所した平成二三年から二年の間に彼ら（入江舎弟頭を除く）が執行部を外され、舎弟に直った時は寂しい気がしたし、正直なところ、役職を外されるほどのミスがあったとは思いにくい。一たび執行部から外されたら二度と戻れない。それは極道出世双六のあがりを意味するのだから。

六代目山口組の人事は目まぐるしく動き、新しい役職も次々できていた。「やる気」の創出だろうが、降格される側のやる気の喪失は考慮しないのだろうか。分裂の原因についていろいろ言われるが、私はその中でも中核メンバーを、お役御免にしたのが結局一番大きいと思っている。世代交代に違いないが、過去の山口組にはこんな忙しい人事はなかった。納得できる降格なら仕方ないが、そうでなければ残された者は結局イエスマンとしての処世術しか座布団（地位）を守る方法がない。

八月二七日には山口組の緊急最高幹部会が開かれており、その際司組長の承認をえて決定した内容は首謀者五人が絶縁、残る八人が破門だった。破門は将来復帰可能な処分ではあるが、過去山口組の直参が破門されて戻った例はなく、実質は取り消しのきかない決定である。一方離脱した側は最高幹部会の決定が出るより前、二七日の午前〇時、既に山健組井上邦雄組長を代紋頭とした結縁の盃を交わしていた。「神戸山口組」という新組織名も決まっており、こちらも不退転の覚悟がうかがわれる。

†神戸山口組離脱の動機

離脱派は新組織の名称を何故「神戸山口組」としたのか。

第一の理由は山一抗争における一和会の轍を踏まないということ。第二は傘下組員から山口組組員としての誇りを奪えなかったこと。栄光の山口組組員という地位を維持してやらないと、組員が付いてこない。つまり求心力は親分より代紋にある。親分の替えはあっても代紋に替えはない。ヤクザ組織は人物崇拝を求心力の柱にしているので、人が偉いようにみえるが、実のところ親分は代紋というソフトを運用するオペレーターである。引退した親分が、元若い衆からゆすられたりひどいときは強盗にあったりすることがあるが、結局偉かったのは代紋と座布団だったとも言える。

山口組の頭に神戸が冠してあるのは「こっちは神戸山口組、あっちは名古屋山口組、山口組は神戸が本物」というニュアンスであろう。

だが山口組を名乗ったことは功罪半ばする。カタギの一般社会でも、会社を辞めた者が、同じ名称で同じ仕事をしたら、元の会社から商号使用差止請求が起こされる。ヤクザの世界なら、なおのこと放置することは許されず、永遠に争いの種になる。新山口組に若い衆が親分と行動を共にしてくれるかが問題だが、組員も子供ではないのだから、正統に継承された名跡でないことは分かる。要するに出自に疑問符がつき、頼りない。永遠に続く争いと、心細い山口組という状況は離脱派の若い衆にとっても大きなハンデである。そんなハンデを超えるメリットや将来性が果たしてあるのだろうか。

一番肝心なことは何故井上組長らが六代目山口組を割って出たのかである。これに関して多数の書物が出版され、私も分裂後井上、池田、寺岡、正木、剣の各氏らに会って話は聞いている。情報を総合して考えるに、井上組長としては「今立たなければ山健組は極限まで弱体化させられる。これ以上兵力をそがれては名門組織として立っていけなくなる。自分の代で山健組をつぶしては先代に申しわけない。不甲斐なさを初代山本健一に詫びる術がない」と焦慮しての決断だったのではないか。分裂、新組織結成の前後に、井上組長は初代山健組長の墓所を訪ねていたという。

山健組の源流は田岡三代目の右腕として親分をもりたてた安原政雄会長の安原会の系譜を継ぐもので、山口組の保守本流である。最盛期には八〇〇〇人の組員を擁し「山健組にあらざれば山口組にあらず」とまで言われた最強組織でもある。それが六代目体制になるうえで分割され、一貫して力をそぎ落とされている。

実を言うと、六代目作りは五代目時代の山健組一極集中を解体、分散する隠れた狙いがあった。六代目になって山健組の勢力は縮小されたが、にもかかわらず前述したように平成二〇年には山健組シンパの直参を中心にクーデター未遂が起こり、一三人の直参組長大量処分に繋がった。六代目にすれば山健組とそのシンパはどこまでいっても危険分子で、再び山健組を担いだ謀反がいつ起こるやも分からない。決起の芽は可能なかぎり摘んでおかなくてはならない。そうした思惑をめぐる暗闘が水面下で一気に具体化するきっかけとなったのが平成二五年、高山若頭に対し京都地裁が懲役六年の実刑判決を下したことだった。

†高山若頭有罪が決起を促した

一審で有罪判決が出た以上上級審での無罪はまずない。六年間の留守を覚悟した高山若頭は自分の身代わりに弘道会竹内照明若頭を山口組本家に入れるべく、同人に弘道会を継がせて三代目を名乗らせ、山口組直参とした。

司組長が受刑を覚悟してから高山若頭を山口組に入れたのと同じ手法である。公平な出世コースではなく親分の権限をもってする特例だ。その後本家に入った高山若頭が権力を独占し強権統治をした如く、特例コースの竹内会長は高山若頭の身代わりとして本家に入ってくる以上、当然権力を握ることが予想された。

この年入江を総本部長の職から外して舎弟頭にし、池田も執行部からはずして舎弟に直した。先に外されていた正木、寺岡を含め、井上組長と親しい人はいずれもお役御免となった。

入江に関しては、みずからも関わった京都事件で髙山若頭が警察に検挙、起訴されることを防げなかったことの心労も一因と考えられるが、見方によれば竹内会長が動きやすいように人心を一新したのかもしれない。ただ弘道会以外で唯一信頼されていたと思われた入江さんさえ外されたことは予想外で、座布団の重みがほとんど感じられない。

最後の決め手となったのが、井上組長に、舎弟に直り、さらに山健組から数団体を山口組の直参に上げる（昇格させる）ように迫ったことだ。執行部から外れた当事者は二度と陽の目を見る立場に出てくることはないという意味で、数団体昇格させるというのは一見山口組内に山健派が増えるようにみえるかもしれないが、本体の山健組はもっと小さい組になれという意味でもある。井上組長が一人でも立つと覚悟したのも、やむにやまれぬ心情であったと思う。

平成一九年には配下の五代目多三郎一家・後藤一男組長を破門処分した直後に殺害する事件まで招いて六代目体制に恭順の意を表明したが、それは結果的に名門組織を維持することにはなんの役にも立たなかった。

後藤一男組長殺害事件とは平成一九年五月、後藤組長が神戸市中央区で山健組健國会組員に刺殺された事件のことである。殺害の動機は、弘道会の本拠地名古屋で活動する四代目山健組内・後藤組長が、高山若頭批判を繰り返したため、内輪で粛清せざるをえなかったというものである。後藤組長は高山若頭殺害計画を口にし、その会話が録音されて山口組執行部にまで伝わったという背景があった。後藤組長殺人事件で山健組組員十数名が逮捕され、事件から三年後に首謀者とみなされた健國会の山本國春会長が逮捕される。山本会長は一審で無罪の判決を得るが検察が控訴、控訴審では逆転有罪と認定され、懲役二〇年の判決を受けた。

この高裁判決は推認に推認を重ねたもので「暴力団特有の厳格な上下関係や暴力的価値観を背景とする」「山本被告の指揮命令に基づかずに行われたというのは、極めて不自然で通常は有り得ないと言うべきである」などと証拠に基づかず、裁判官固有の創作文を披瀝して、山本被告に二〇年の刑を下したものだ。山本被告は当時山健組の若頭で私は何度も飲食を共にしたが、あれほど親分思いの人も珍しい。井上組長の失った有形無形の損失はあまりにも大きい。

井上組長の六代目からの離反には知恵者の正木年男舎弟の助言が効いたともいわれる。正木舎弟はかねてより高山若頭の強行路線に批判的で、井上組長の思いを積極的に応援した。司、高山体制に反旗を翻すには対抗馬として山健組抜きにはありえない。山健組はまさに兵力そのものなのである。下克上の決起は戦闘力の大きさによって成否が決まるが、神戸山口組に参加した組織すべてが、山健組の戦力、プラス経済力に依存していた。

ただ戦闘力は物量の大きさだけでなく兵隊の士気が何よりも重要だ。兵隊の士気は決起に大義があるか否かによって決まる。池田孝志舎弟が二人の離脱を思いとどまるようなだめるも、一たび口に出した離脱への思いは同調者を巻き込み、もはや誰にも止めることはできない奔流となっていく。

平成二五年秋、分裂に向けてのスタートは切られたが、旗揚げは高山若頭が収監された後と設定された。分裂派には高山若頭の逆転無罪を信じる者はいない。

離脱派は平成二〇年クーデター未遂の経験を踏まえ、深く静かに計画を進行させた。つまり山健を核とするクーデターの芽は摘み切れていなかったわけである。平成二六年一二月高山若頭が下獄した後、入江舎弟頭への本格的説得工作が始まった。入江舎弟頭は元々の分裂派ではなかった。翌二七年四月、予想通りのスピード出世で竹内幹部が若頭補佐に昇格し執行部入りした。離脱派の思惑としては彼が高山若頭のように支配権を確立する前に決起しなければならない。それが同年八月の分裂、新団体の旗揚げで表面化した。

†離脱派による六代目批判の核心

離脱派が司組長、高山若頭の統治に批判的なのは、意に沿わない人間を次々と放出した人事もあるが、それ以上に弘道会を中心とした政権が続くと周囲にみなされたこと（前述したように、高山若頭の受刑が避け難いとしても留守はナンバー3以下に任せるのが自然と思うが、わざわざ弘道会の竹内会長を若頭の身代わりとして執行部に引き上げたことで、山口組の運営は弘道会が仕切ると受け止められる）や、山健組弱体化が露骨だったこと、そして金の徴収がきつすぎて不透明にみえたことだろう。

ヤクザ社会は、バブルがはじけ「失われた二〇年」と言われる景気の下降に加え、暴対法、暴排条例で正業に近いシノギが急速に奪われていた。代紋を利用した恐喝、強要系のシノギから、代紋を必要としない窃盗、詐欺系及び薬物取引へとシノギの主力が一変していた。会費は代紋の使用料でもあるが、直参一人年間一〇〇〇万円以上は、シノギと代紋の関連が希薄になり代紋だけで稼げないことを考えるとやや高いと感じられても仕方がない。バブル崩壊後のヤクザは一般社会より遥かに早いスピードで金まわりが悪くなっていたのに、故あってのこととはいえ徴収は激しくなった（分裂後は半減された）。

かつて岸本才三さん（総本部長）が私に教えてくれたことがある。

「過去山口組の揉めごとには必ず金がからんどる。金はきれいにしとかなあかん。無理してもあかん」

離脱した組長たちの思いはおそらく、こうである。山口組の直参は強権的な組織運営に納得しておらず、自分たちが反旗を翻せば追従する者が必ず出るはずである。だから神戸山口組の立ち上げでは会費を激安にし、親分への盆暮れの付け届け及び誕生日プレゼント禁止という、当てつけそのものの目玉セールを打ち出しもする。何故当てつけかと言うと、神戸山口組直参の会費は激安になったものの、組の経済を支える山健組内部の会費は下がっておらず、神戸山口組の運営費を担うためにむしろ高くなっていたのだから、いわば六代目への皮肉めいたメッセージの意味だ。

だが、山健組の会費が下がらないことが後に第二次分裂を生む原因になっていく。しかも安い会費で運営される神戸山口組の親分には余得の旨味がなく、井上組長もその専属親分になりたくない、そのため山健組組長の座をなかなか明け渡さない、という矛盾を内部に抱えることになる。

†「逆盃」と謀反の〝大義〟

六代目にとっては予期しない突然の謀反だが、井上、正木、池田、寺岡組長らがまとまって離脱するのはありえないことではなかった。全員五代目の秘書を経験して気心の知れた間柄で、しかも全員が執行部から降ろされており、不平不満を持つ理由がないとは言えない。

ただ入江舎弟頭の離脱は想定出来なかったと思われる。何故なら六代目山口組は髙山若頭と入江総本部長(当時)が作ったに等しく、手塩に掛けた六代目体制を否定するとは考えられないからだ。

しかし、六代目山口組は突然のクーデターにも冷静に対応した。分裂直後に開かれた定例会で、「先人たちの眠る静謐な墓前にひざまづき、頭を垂れるのみであった」と始まる、司六代目の異例の所感を直参に配布し、出ていった組織の親分について行った若い衆に「罪はないので、いつでも帰って来るよう」呼びかけるとともに、九月に矢継ぎ早やの組織改革を断行し、内部の立て直しを図った。

一〇月、分裂後二回目の定例会では大原宏延本部長が「親戚友好そのほか他団体から、理解と支持を得ている」と組員に報告があり、さらなる団結が促された。そして六代目山口組は謀反に対する対処として、積み重ねた平和交流の実績をもって友好団体との外交儀礼を展開して、「唯一の山口組」としての正統性を自明のものにしていく。

ヤクザ社会のルールでは親分との盃と権威が絶対であり、盃を交わせば親分や上位者に従うほかなく、盃を受けた者が盃を返した後も引退せず渡世を続ける「逆盃」はヤクザ社会では最大のタブーである。「逆縁、逆盃に大義なし」というのは常識以前のことである。そこが、竹中四代目の盃を受けることなく脱退して結成された一和会との決定的な違いである。

実際、分裂派のいう大義がどこにあるのかを考えると、山健組を過度にいじめない組織、社会情勢をよく鑑みてエグい金の取り方をしない組織、出身母体を依怙贔屓しない組織、配下の言い分も聞く組織、二次団体が本家山口組を逆支配するようなことのない組織、そういう組織を作る、ということになりそうだ。それは大義というものではなく、組織の体質改善で対応すべき課題にすぎず現体制に自分が合わないというだけなら辞めるしかない。

大義とは若い人たちの将来の幸せや豊かさを願うことだろう。今回の分裂で若い衆を道連れにすることではないと思える。さらに言えば、不平不満なら話せばある程度は改善されるとも思うのだが、如何せん粛正を重ねた強権統治ゆえに物言えば唇寒しで、触らぬ神に祟りなしと黙り込んでしまったものか。高山若頭がよくもわるくも、それほど畏怖される存在だったということである。

9　神戸山口組の生存戦略

†異例だった週刊誌での世論操縦

山口組を割って立ち上げた新組織が極道業界に根を張るのは極めて難しい。そこで神戸山口組がとった手段の一つが、マスコミ向けの情報操作だ。正木総本部長がリードしたと思うが初期にはかなり成功している。

手始めは平成二七年九月五日、神戸山口組としての初会合を山健組事務所で開いた際、事前に記者会見をするとマスコミ各社に思わせた。その実会見はなく、山健組を電撃訪問した住吉会総本部長である幸平一家一三代目加藤英幸総長の姿を映像に撮らせるという挙に出た。車から降りたった加藤総長が、迎えに出た井上組長と路上で談笑する様子を、ゆっくりと各社のカメラに収めさせた。加藤総長は伝統ある関東の名門幸平一家を率い、新宿をシマとする名うての武闘派で業界のビッグネームである。映像だけ見れば神戸山口組の立ち上げを応援し初会合を祝福に訪れたように演出された。

絶縁した組織と交流を持つのはヤクザ業界のタブーであり、掟違反になる。現にこのシーンはかなりの騒動となり、なかには幸平一家が神戸山口組に加入するというミスリード報道もあった。普通なら住吉会も放置できないところだろうが、加藤総長が大物ゆえにお咎めなしで終わる。

総長訪問で世間に強いインパクトを与えた余勢を駆るように、発足の挨拶状が全国のヤクザ組織に送られた。曰く。

〈……現山口組六代目親分に於かれては、表面のみの「温故知新」であり、中身にあっては利己主義甚だしく、歴代親分特に三代目親分の意を冒瀆する行為多々あり……〉

具体的な内容が書かれていないので真意が分からない。ほどなく神戸山口組の幹部が週刊誌のインタビューに答え表に出るという形で、分裂への思いが世間に伝わった。誹謗中傷が多いので紹介しないが、かなりの情報量で神戸山口組の言い分が世に流れ、世間は判官びいきに傾いた。週刊誌の論調は離脱派にエールを送るものが多く、六代目の横暴に屈せず立ち上がった勇気をたたえていた。なかには天下のNHKのように専門家をゲストに呼び、「本家を名古屋に移す動きがあった」などと神戸山口組の大義を擁護するもっともらしい「解説」を垂れ流すメディアまで現れた。

✝風雲児、織田絆誠の示威戦術

さらにメディアから一身に注目を集めたのが、神戸山口組若頭代行に抜擢された山健組・織田絆誠《よしのり》(当時四八歳)副組長による、傘下組織への激励全国行脚である。神戸山口組にとっての敵地名古屋を皮切りに、北海道に飛んだ後、日本各地を激励して回った。各地域で神戸山口組組員(実態は山健組組員)を集めて食事会を開く一方、敵方の事務所付近で示威を目的とする練り歩き行動を決行し、組員の結束を呼びかけかつ鼓舞して、内部の士気を高めた。首都東京においても派手なデモンストレーションを展開して両者が睨み合いとなり、負傷者や逮捕者も出している。

六代目側に対する明らかな挑発で、一歩間違うと乱闘になるか、さもなくば命を狙われかねない。体を張ったパフォーマンスには違いなく、これがメディアに受けた。分裂劇で一躍第一線に躍り出た硬骨漢である。

織田若頭代行はもともと実の父親の縁で大阪の酒梅組系列に渡世入りしたが、奈良の山口組系列である倉本組で売り出し、山波抗争で服役し徳島刑務所時代に井上組長と面識ができている。出所後倉本組に帰参せず、山健組内の本流である健竜会の末端組員からヤクザ稼業の再スタートを切った。非常に情熱的な人で、ズケズケと物を言うタイプだが、一年後には山健組本体に上がり、幹部、若頭補佐、大阪ブロック長、全ブロック強化責任者等の要職を歴任した。神戸山口組発足後は若頭補佐、若頭代行へと一本道の出世を遂げる。通り名は若き日に「織田信長のように天下を平定する」という野望を抱いたことに由来するともいわれ、まさに一代の風雲児との形容がぴったりだ。

†「山健組内神戸山口組」

神戸山口組の実態は仲間が集まった連合体だが、これは戦いには不利な形態だ。しかも山健組以外の組は敵事務所への車両特攻などの暴力沙汰を山健組に任せており、分担する意欲があまり感じられない。暴力性を担保する切り札である山健組を担ぐにしても、担がれた側は親分といえど相手組織の組員を二人も殺せば大抵の人は燃え尽きる。ヤクザの中には何人死んでも動揺しない人がおり、そういう人物が運否《うんぷ》天賦《てんぷ》に恵まれて、この世界でトップリーダーになっていく。いずれにせよ並大抵の精神力で務まるものではなく、井上組長にそのような図太さがあるのかが問われる。

緒戦は優勢だった神戸山口組は、メンバー増員のため六代目山口組が処分した山口組元組員を積極的に勧誘した。処分者のなかには因縁じみた難癖で辞めさせられた人もいるのでわりに山口組元組員の復縁工作は好調だった。神戸山口組の所業は逆盃と言い、もとよりこの世界では大罪である。破門、絶縁された被処分者を積極的に拾うこと、元親分のスキャンダルをあげつらうことなど、もはやなんでもありの無法地帯の様相を呈した。ヤクザの掟や筋目の権威は地に落ち果てた。

一方で、神戸山口組は、井上組長を親とする結縁盃を交わしており、ヤクザルールを組織内に敷いているが、ルール破壊者がルールを守らせるのは無理がある。井上組長は神戸山口組の組長になっても長い間、山健組組長の座を手放さなかった。組長利権を保持したかったこともあるが、山健組を離れてしまうと、裸の王様にされる危険性が高いからだ。山健組はしっかりした組織だが神戸山口組の求心力は未知数だ。神戸山口組には人生を捧げかねるのだと思われも仕方がない。

井上組長は他の幹部連中から「山健組を離れて早く神戸山口組専属の親分になれ」と迫られ

ていたようだが、気の毒な気もする。神戸山口組は連合体である点と、逆盃という究極の掟破りである点で結束力に弱点があり、仲間の連帯感を信用できない。責任だけ負わされて、命令しても山健組以外の配下は動かない可能性があるのも弱みである。

10 広域組織ゆえ、全国に衝突が広がる

†六代目山口組の反撃と盲点

六代目山口組は情報戦への反撃として橋本弘文統括委員長が機関誌「山口組新報」に神戸山口組への批判文を載せ、竹内若頭補佐が織田若頭代行に対抗するように、大阪から和歌山、さらに九州へと六代目傘下組織への激励行脚に回った。

そんな中、平成二七年一〇月、長野県で分裂にからむ最初の殺人事件が発生した。そして同年年末、六代目山口組にはマイナスイメージになる出来事が立て続けに起こっている。一つは高山若頭が後見する会津小鉄会・馬場美次会長が神戸山口組側に寝返ったこと。もう一つは高山若頭の留守を預かるナンバー3(実質的な若頭代行役を期待された)の橋本統括委員長が六代

目山口組を出ていく動きをみせたことだ。一二月一日、司組長が最高幹部を従え長峰霊園に渡辺五代目の墓参に訪れ、分裂後初めてメディアの前に姿を現した。墓参後本部で定例会が開かれたのだが、橋本統括委員長は車を神戸に向かわせず、携帯電話も不通にしたまま雲隠れし、定例会を無断欠席したことから、大変な騒動になったのだ。

理由として考えられるのは竹内若頭補佐との確執というのが定説だが、マスコミは「ナンバー4離脱」と報じ、橋本会長が率る極心連合会が六代目を抜け一本（独立組織）として立つとか、神戸山口組に合流するだとか、ここぞとばかりに煽り立てた。大原宏延本部長や執行部の懸命の説得で事なきをえたようだが、ふりかえればこの時期が六代目にとって最悪の局面だった（橋本会長は令和元年一一月に引退を表明している）。

なお会津小鉄会は、組員数を著しく減らしながら平成二九年に分裂してしまった。原因は神戸山口組と交際する派と、六代目山口組と交際する派に分かれたからで、明らかに山口組分裂のあおりを受けている。そして別れたお互いが七代目会津小鉄会を名乗るという極めて不安定な組織形態になっている。斯界における山口組の存在が巨大すぎた故に、他団体までが分裂の余波を被るという悲劇である。

その過程で、分裂した一派が業界に配布した襲名を通達する文書が有印私文書偽造に当たるとして、六代目派の会長が京都府警に逮捕されるという事件も起きている。組員の引退や破門などの処分、事務所の移転などを通知する手段である「状」を不動産契約など民間の契約に関する「私文書」に当たるとは無理がありすぎる。

✝頻発する発砲、乱闘事件と幻の和解話

年が明けて平成二八年になると発砲や小競り合いが多発する。これまで抗争をするなと押さえ込まれていた双方組員の鬱積が分裂をきっかけに弾けたのかもしれない。

一の矢となったのは二月二三日、六代目山口組傘下中西組組員による、正木組事務所への発砲事件だ。その後、敵方の組事務所への車両突入、火炎瓶投擲、繁華街での練り歩きから殴り合い、凶器準備集合に問われた乱闘事件など、衝突が頻発した。警察庁は当初抗争とみていなかったが、三月七日見解を変更し、両組織は抗争状態であると発表した。これは、当時の担当閣僚が会見でつい「抗争状態」と口走ったため、あわてた警察官僚が発言を追認したためともいわれている。

ただ私見では、およそ抗争と呼べるものではない。偶発的なものや、もともと因縁のあった末端の喧嘩がほとんどで、親方以下全員が抗争に参加していなければ山口組組員としての資格がない感すらあった山一抗争当時とは情熱の炎がちがう。神戸山口組の首脳が週刊誌上で「我々に手を出せば警察によって六代目側はつぶされる」と警告したが、改正暴対法下で抗争は不可

能との読みが離脱派にはあったにみえる。

分裂からの数年の間で抗争のニュアンスがあるのは、平成二八年五月に起こった弘道会系組員による池田組若頭殺害事件、同年七月の名古屋での弘道会系組員による元山健組系幹部殺害事件、そして平成二十九年の山健組系組員による任侠山口組・織田代表ボディガード殺害事件である。

平成二八年五月、六代目山口組若頭補佐の清水一家・高木康男総長と神戸山口組の織田若頭代行が和解の交渉を持つという驚くべき事態があった。織田若頭代行が話し合いの場で「私見ですが」と断って、次のように高木総長に話したという。

「うちの親分（井上組長）を七代目に、六代目（司組長）を総裁に。もしくは、うちの親分を、人事を含めて、すべて任せたという若頭に。（六代目が）この度の件、ワシの不徳の致すところや、あとはすべて井上に任すと（言って）、手前親分（井上組長）が、分かりましたと受けたら、六代目を無下に扱うことはないでしょう」

ほぼ一方通行の主張で喧嘩を売っているに等しい（情報操作の可能性も残る）。高木総長は角を立てた物言いをする人ではないので、何を言われてもいったん聞く耳を持っているが、山口組執行部に伝達されると強い反感を買うだろう。五月三一日に神戸山口組内池田組高木若頭が弘道会系組員に殺されているが、それがこの提案への回答と解釈してよいのではなかろうか。

織田さんとは私も二回話をしたが、はっきりと歯に衣着せず意見を言う人で、下の者からは頼りにされるが上の人間には扱いにくい面もあるだろう。神戸山口組も結成当初は織田さんの働きぶりを強く支持していたが、手に負えなくなった可能性はある。

†池田組若頭殺害事件の激震

山口組分裂をめぐって、もっとも抗争らしい暗殺事件となったのが岡山で起きた池田組高木昇若頭の殺害事件である。

銃器により殺害したのは三二歳の弘道会系組員で、発生の五日後には警察に出頭している。通例なら自首による減刑が認められ、有期刑となることが予想されたが、まさかの無期懲役判決が下される。直後に出頭したことや裁判を受ける神妙な態度をみると、若いうちに刑を務め上げ、出所後に昇進しようという意欲もうかがわれたが、昨今の暴力団には量刑を手加減しない裁判情勢を鑑みれば、いささか時代錯誤であったか。いずれにしても、この判決によって今後、抗争で体をかけても出所後の将来を約束されるというヤクザの美風は成立しなくなり、ヒットマンは親分が教唆の罪に問われないように未来永劫姿を隠し逃げ切るほかなくなった。

神戸山口組は若頭殺害に関して報復（カエシ）禁止の通達を傘下組員に発した。報復殺人における上層部への責任追及を逃れる偽装工作が疑われたが、時間ばかりが過ぎて本当になんの返しもなかった。それで組員たちは腑に落ちるのだろうか。新しいヤクザ組織が業界に根を張るためには暴力しかないはずである。マスコミに出て知名度を上げたからとて、既存の他組織がシノギの道を開けてくれるはずもなく、「下手に手出ししたら火傷する」と思わせてこそシノギを守ることになり、一本独鈷への道に繋がる。

ヤクザ社会は常に食うか食われるかで油断も隙もない。この世界では「殺られたら殺り返せ」が至上命題のはずで、さもないと「死守り」（利権、縄張り、シノギ）は守れず、ひいては組織の求心力が地に落ちる。神戸山口組が業界に根を張るに多くの血と涙が流れなければ、暴力団ブランドとしては成長が期待できない。

前述した高木総長と織田若頭代行の和解話の内幕を聞いていると、神戸山口組は司組長や弘道会に退いてもらって、代わりに井上組長が山口組本体を仕切りたいと望んでいるように思えるが、そんな調子のいいことはあろうはずもない。まずは一本でいく心構えを固めることが先決ではないか。

そんな私の思いを察知したわけでもなかろうが、結成当初「山口組を外から改革し、改革がなった先に神戸の本家に戻る」と標榜していた神戸山口組は「終生、戻ることはない」と方針を軌道修正している。

11　局面を一変させた再分裂劇

†山健組内織田一派の離脱

先の和解話は進展なく頓挫し、神戸山口組からの報復もないまま、膠着状態に入ったかにみえた。ところが平成二九年四月三〇日、神戸山口組から織田若頭代行が山健組内の織田一派を引き連れて離脱するという、誰もが予期せぬ再分裂が起こった。

団体数にして三分の一近くが山健組を出たと言われる。新組織の名称は「任俠団体山口組」であり（後に任俠山口組に変更）、やはり山口組の名称を使用している。こちらは新組織の知名度を高めるためか、マスコミ露出が最優先らしく、前代未聞の記者会見を開いて離脱と結成の経緯を語った。概略の理由をあげると、金の取り方がエグい、井上組長の山健組贔屓がひどい、上が進言を一切聞かない、とのことで、神戸山口組が六代目山口組を出た時の主張と既視感がある。特に山健組の会費が高くてついていけなかったのが一番大きな理由なのだろう。

親分である井上組長への個人攻撃は神戸山口組が司組長をなじった時より強烈で、二回も記者会見を開いたうえ、神戸山口組の実態は「六代目以上の悪政」とブチ上げた。完膚なきまでに否定された神戸側も怒髪天を衝き、平成二九年九月、山健組の配下が織田代表を殺しに走るもボディガードに阻止され、ガード役の組員を殺害しただけで失敗に終わる。実行犯は逃走しているものの、爆弾を抱えたまま地下に潜伏中といってもよい状況である。

この間の経緯をみると井上組長に同情せざるをえない面もある。皆から担がれ神輿に乗ったのはいいものの、連合体ゆえ上命下服の強権発動ができず、「親分、親分」と口では言ってくれるものの、神輿の担ぎ手が動かない。神輿本人が足を生やして走っているようでは組織として成熟しない。

†任侠山口組の目指したもの

新しく発足した任侠山口組は、結成当初は盃を交わさず、横並びの仲間として活動していくことを標榜した。ヤクザから盃による結縁と統治を否定したら、それは愛好会か趣味の同好会のようにしかみえず、ヤクザ組織の範疇に入れていいのかすら迷う。

組織的な暴力は発揮しにくいに違いなく、組の威嚇力が低ければ恐喝、強要系のシノギがやりにくくなるものだが、暴排社会で暴力性も代紋の威迫力も必要とされない時代ならではの発想だと思う。代紋に頼ることなく、個々が自分の器量と才覚で生活を立て意地を張らねばならず、組員であるメリットが少ないようにもみえるが、末端からすれば他の山口組本尊や神戸山口組にしても事情は大同小異であろう。分裂後の三団体合わせての組員数の激減がそれを裏付けている。

織田代表のボディガードが殺された事件も、体を張って代表を守った勇気を、ヤクザならたたえてやらねばならない。つまり敵討ちしなければならない。だがそんな余裕はとてもなさそうだ。そうした所作を業界は注視している。組員数の水増し申告も多くプラチナ（直参）も粗製乱造気味で、資金力にも乏しそうにみえる。金がなかったら喧嘩はできない。

なおプラチナとは山口組の直参組員になることだが、ヤクザを目指した男にとって、努力すれば到達し得る最高の夢である。プラチナの代紋バッジを胸につける者は業界で名が通り、金もそれなりに持っていたものだ。名誉ある直参への昇格には執行部の推挙と親分の承認が必要で、外に出た者が勝手に偽のプラチナを乱発するなど、親分の顔に泥を塗る行為に等しい。六代目山口組が内心、神戸、任侠両組織の非道として許せないのはこのことである。

新組織を立ち上げた指導者が考えなければならないことは、世間に良い子ぶってみせることではなく、ついてきた若者たちをどうやって食わせてやるかだ。ヤクザが拠って立つ基軸はどこまでいっても暴力である。そして暴力は若さの特権でもある。任侠山口組は幸い若い。歳を取ると獄中死が恐ろしくて、腰が引ける。

任侠（任俠団体）山口組の掲げる「六代目」「神戸」から逃げ出す組員の救難船（受け皿）を目指す、という旗印は壮大だったが、何よりヤクザ業界の禁じ手を犯しながらも改革派として同情的にみる世論もあった神戸山口組の大義を、組を割った大御所の私利私欲による「大型分裂詐欺事件」と完全否定したことにインパクトがあった。それまで神戸に吹いていた風を一変させるに十分な内情暴露であり、それゆえ一時は六代目を利する別働隊ではないかとの酷評まであったほどだ。

†史上初の総本部使用制限と高山若頭出所

令和元年一〇月一八日早朝、高山清司若頭が府中刑務所での五年四か月に及ぶ受刑生活を終え満期出所した。折しも六代目山口組と神戸山口組はその年の四月以降暴力の応酬を重ね、分裂から四年目にして本格的抗争の様相を呈し始めた時だ。事態が大きく動いたタイミングで高山若頭は出所した。六代目山口組を運営した中心人物であり、分裂状態をどう終結させるかはまさに彼の判断で決まると言ってもよい。

高山若頭が出所後、最初の仕事として動いたのは、他団体との外交関係の強化、再編であった。独立団体トップが高山若頭の出所祝いの挨拶に地元名古屋を訪問した返礼として、代役を立てず自ら各団体の本拠に足を運び、紐帯《ちゅうたい》の強靭化を図っている。その中には親戚関係のない住吉会も含まれる。司六代目が後見し服役中に死去した東声会金海芳雄元会長の墓所にわざわざ赴き、墓参したのもその表れだ。

テキヤ最大組織の極東会は最高幹部が神戸山口組井上組長と個人的に親しく神戸寄りと見られていたが、高山若頭の腹心である竹内若頭補佐が返礼に本拠を訪れ、両者の接近はおおきな成果となった。司六代目が一一年の出所後に、個人的交誼から戦火の絶えなかった住吉会との関係修復に動いたのとよく似ている。

ちょうどオセロの敵のコマを裏返すように、外交面で低下傾向にあった威信の回復を果たすことが神戸山口組の外堀を埋めることにつながるとの判断だろう。五年四か月の社会不在期間を考えると超人的な仕事ぶりと言うほかない。

元々今回の分裂では組を挙げての本格的衝突は、リスクの大きさから双方が望んでいなかった。ところが、改元が一か月後にせまる平成三一年四月、山健組の與《あたえ》則和若頭が弘道会傘下組員に刺されてから風向きが変わってきた。神戸山口組も漸次勢力を減らすなかで、新組織が業界に生き残るには、やはり暴力で存在を確立するほかないと腹を括ったようだ。同年八月、神戸市内の弘道会関連施設で弘道会傘下組員が撃たれるという形でこの神戸側の思いは表面化した。紛れもなく山健組若頭刺傷の返しであり、特定の誰かを狙うというより敵対組織であれば誰でもよいという段階に至っていることは明らかであり、本格抗争の決意がうかがわれた。

再報復も避けられない状況の中、髙山若頭の出所予定日のわずか八日前の一〇月一〇日、弘道会傘下組員が白昼、山健組組員二名を事務所前の路上で職質中に無差別射殺するという形でこれは実現した。実行犯が人工透析で通院中の六八歳のヒットマンというのは哀切だが、ヤクザの世界では非常に良い仕事をしたと言え、過去の山口組なら「時来たる」とばかりにそれぞれの直参組織が参戦を考える段階である。事ここに至っては先が見えたわけで、弘道会ばかりに頼っていては発言権を失う。折しも指揮官たる若頭が帰参したのだ。いやが上にも求心力は高まり、皆が指揮官の顔色をうかがうように大抗争へなだれ込むのが本来の山口組だった。

ところが平成の世は暴対法というヤクザをがんじがらめにする法律ができている。警察は二名射殺を機に、山口組総本部事務所を含む双方組事務所や関連施設の使用制限という伝家の宝刀を抜いたのである。暴対法が成立した当時のヤクザは不当要求行為に対する中止命令云々よりも、事務所使用制限の条文を恐れていた。山口組本部事務所の使用が差し止められるなど過去に例がなく組織活動に大きな支障をきたす。組事ではないが物議をかもしながらも地域の恒例行事になっていたハロウィン行事なども中止された。

振り返れば六代目山口組は全国極道社会の平和共存を強力に推し進めてきた。それにもかかわらず自らが抗争に突入し、本部事務所の使用を禁じられる事態を招いている。抗争がどう展開するかは両当事者及び警察の力関係で推移するものだが、現在は警察の力が強すぎる。

六代目山口組の思いを代弁するとすれば、神戸山口組、任侠山口組の解散と、分裂を主導した親分衆の引退、そして離脱した組員達の六代目への帰参である。組員の帰参は無秩序に六代目山口組二次団体の各々が受け入れると全体の士気にもかかわり、直参勢力のアンバランスを生むので、執行部が秩序をもって割り振りたいと考えている。高山若頭の思いも恐らくそうではないかと思う。

これを実現する手段は武力による攻撃、話し合い、切り崩しの三つがあるが、武力による決着が一番早い。だが警察の「山口組弱体化」への意気込みを推察すると、とんでもない災難を招きそうだ。かといって話し合いは神戸側が乗ってくる様子はない。

一方の神戸山口組は一本独鈷として業界に根を生やすのが狙いだろうが、そのためには代紋が血と涙に染まらねばならない。ヤクザの権威は組員たちの犠牲によって築かれるのだが、はたしてそんな犠牲と奉仕の精神を引き出す大義が神戸側にあるか否かが問題である。

高山若頭の復帰以後、弘道会および六代目山口組において、明らかに信賞必罰の大きな人事が行われた。そして一一月には熊本市、札幌市で六代目山口組系組員による神戸山口組系組織への襲撃があり、同月二七日には神戸山口組直参古川恵一組長が竹中組を破門された組員によって自動小銃でハチの巣状にされた。六代目側は武力によって消滅させようとしていると推察され、話し合う気持ちも感じられない。

両組織は改正暴対法による「特定抗争」指定暴力団の指定を受けるのは確定で、指定されれば公安委員会は縄張りなど組織が活動の拠点とする区域を「警戒区域」に定め、区域内で組事務所に出入りしたり、五人以上が集まったり、対立相手に近づいたりすればすぐに逮捕される。指定期間は三か月だが状況で何回でも更新できる。過去には道仁会と九州誠道会の抗争で平成二四年福岡、長崎、佐賀、熊本の公安委員会が両組織を特定抗争指定としている。指定は五回更新され、翌二五年六月双方の抗争終結宣言という形で一応の決着をみた。この際、九州誠道会は解散という形を取っている（同年一〇月旧九州誠道会勢力は新団体浪川睦会を立ち上げているが）。

予想される形としては、六代目山口組も神戸山口組も身動きが取れず休戦状態になって勢力を弱める。特に神戸山口組は組織として求心力を失い自然消滅の様相を呈する可能性も考えられる。警察からの圧力が今後緩むとは考えられず、暴力行使はリスクが大き過ぎる。現状では話し合いは極めて困難だが、私は分裂を指導した親分衆とは一緒に六代目立ち上げの仕事をした仲間の一員なので、なんとか仲介したいという気持ちがある。

†三つの山口組鼎立の行方

日本に山口組が三つ生まれる異常事態となった。

一つは中央集権が強化され、親分を絶対と仰ぐ上命下服の縦型集団、二つ目はかつての同僚が親子に分かれたものの強い指揮命令機能を持たない連合体、三つ目は命令の概念を最初から取り去った仲間の集まりだ。

任侠山口組の推移を簡略に記すと、平成三〇年に兵庫県公安委員会が指定暴力団として指定したものの、六代目山口組に帰参する組員が漸増し、組員数を大幅に減らしている。組織同士の殺傷事件は起こしておらず、組への加入・脱退は比較的自由とされる。平成三一年四月、立ち上げ当初の宣言を撤回し親子盃を交わし、それまでの「代表制」から「組長制」に移行した。

三派鼎立《ていりつ》の行方だが、山口組が三つ存在していく可能性があるだろうかといえばそれはないと断言できる。時間がかかるかどうかの話で、山口組が三つある利便性が組員側にないからだ。たとえば第二山口組なら覚醒剤の特別ルートを持っていてシノギが楽だとか、第三山口組は出入り自由で、生活に困った時、臨時的にヤクザをやって、嫌になったらすぐ辞められるとか、要するに別バージョンの山口組にそれなりの存在価値があり、傘下組員にとって物心ともに満足できる組織となっていればよいのだが、そんな話は聞こえてこない。

いくら「こっちの山口組は会費が安いですよ」と勧誘されても、パチモノっぽい山口組では心の支えにならない。配下の組員たちは上の人の都合（不平不満）に引きずられただけで、初めから離脱計画さえ聞かされていない。苦しい思いをさせられている割には新組織のビジョンも理想もない。せめて将来豊かになれる見通しでもあれば辛抱もできるが、分裂で世間や警察の目は一層厳しくなるばかりではひとつもいいことがない。極論すれば親分や直参の座布団（地位）がたくさんできてよかったというだけになりかねない。

第二、第三山口組を、本家の第一山口組が認めてくれて、共存共栄の平和路線を敷いてくれたら、他の二つの山口組も存続の余地があるが、それは逆立ちしても無理な話である。山口組という名跡（ブランド）には先達の途方もない犠牲が払われている。勝手に使われて黙っているようでは後継者として失格である。そもそも司六代目はかねてより、ヤクザ社会における光輝ある代紋を次の世代に引き継ぐことを第一義としていたとみうけられ、六代目体制の発足当初はのちに分裂を画策する首脳たちも「我々は中継ぎにすぎない」と自覚していた節がある。

唯一、新山口組が存立していく可能性があるとしたら暴力しかない。どんな犠牲を払ったとしても暴力だけが業界の掟破りをも凌駕する道を開く。

分裂以降、六代目側の人に向けて銃弾を撃ち込むことがなかった山健組は中田浩司組長への代替わりを経て、令和元年八月の弘道会の神戸拠点の部屋住み組員が銃撃された事件の容疑者として、一二月三日に当の中田組長が兵庫県警に電撃逮捕されたことで局面は一変した。それも、殺人未遂容疑の実行犯としてである。抗争と再統合の鍵を握る司令塔であり、山健軍団の組織トップがみずからヒットマンを志願したとは俄かには信じ難い。ただ、認否のいかんによらず、分裂の行方を左右するキーマンの起訴、勾留による長期不在という事態は避けられず、今後活動の停滞では済まない甚大な影響が出ることは誰の目にも明らかだ。この逮捕事件が、髙山若頭の復帰と合わせて、分裂の終わりの始まりとなる可能性も否定出来ない。

「盃の崩壊」というあってはならない事態を招いた当事者全員が今後、掟破りのツケを支払わされることになるが、その帰趨《きすう》が地盤沈下が指摘されるヤクザ社会全体の行方を左右していくことはほぼまちがいない。最大組織で「盃が割れる」一方で、盃自体を否定する新興勢力が台頭著しいのは偶然の一致だろうか。

終章

現在ヤクザを取り巻く環境はかつてなく悪い。

前に触れたが、NHKで「〝貧困暴力団〟が新たな脅威に」というドキュメンタリー番組が放映された。シノギを奪われた貧困暴力団が集団万引きや電気窃盗、生活保護受給詐欺に手を染め、それが新たな犯罪として社会の脅威になっていると紹介されている。バブルの頃、身に三億円くらいの装飾品を纏って毎夜クラブで豪遊したヤクザはどこへ消えたのか。

斜陽化したヤクザ産業に入門する若者は減り、高齢化が著しい。部屋住みの若衆やヒットマンまで高齢化している。シノギは厳しいのに盗みはするな、タタキ（強盗）はご法度、シャブには触るな、振り込め詐欺に手を出すなと、禁止事項だけはごまんとあり、制約だらけで窮屈極りないため、手っとり早く金を稼ぎたい若者には不向きだ。

日常生活におけるヤクザへの差別も酷いもので、住む家を借りる、葬儀場を予約するといった基本的な生活サービスさえ受けられなくなっている。もはや国民の一員とは言い難い状況にまで追い詰められている。

弁護士時代の私の所へは子供が私立の小学校や幼稚園から入学、入園を拒否されたとか、在学中なのに退学を要請されているなどといった相談がいくどもあった。ヤクザの妻子の銀行口座まで解約されたとか、夫人名義のカードや携帯を使用したら逮捕された、息子名義で車を買っても詐欺で家族までパクられるという事件もあった。九州では、ヤクザの妻が利用していたガソリンスタンドが給油を拒否するという事例まで起きている。本人のみならず家族にまで差別被害が及んでおり、迷惑がかからないようにヤクザの三割は妻子がいても入籍しないか、離縁している。日常生活でヤクザの家族は世間の目を恐れ出自の露見に脅えながら暮らしている。国策により新たな被差別層がつくり出されるのである。

差別が嫌ならヤクザをやめろというのが世間の決まり文句だが、もとよりヤクザ人口は激減しており、平成三年の九万一〇〇〇人（構成員、準構成員合わせて）をピークに、平成三〇年には三分の一の三万五〇〇〇人にまで減少している。といってもやめた人間も最低五年間は反社扱いを受けることから真人間になって生活できているとは到底思えず、ヤクザ社会の統制についていけない落伍者が組を抜け、潜在化して窃盗、詐欺などのシノギに手を染めているだけの話で、暴力追放運動推進センターが胸を張る治安の回復という目的にはほど遠い。

そもそもヤクザ組織は一体何故に存在し、日本社会でいかなる役割を担ってきたのか。これらの疑問に私なりに答えてみたい。

序章でもふれたが、世の中には社会システムについていけない人間が必ず生まれる。そこが始まりであり、根本の原因である。ヤクザ組織はそういう人たちの受け皿の一つだ。

ヤクザになるために資格は一切要らず公平に門戸は開かれている。ヤクザ組織には市民社会で行き場を失った者を受け入れる懐の深さがある。

また、ヤクザ組織が社会経済的にまったく無価値かというとけっしてそうではない。彼らが扱っている仕事には一種の需要があり、伝統的資金源といわれる賭博（ノミ行為、ネットカジノなど）、売春、麻薬しかり。日本の暴力団に顕著な土木建設、産廃、人夫供給もまたしかり。それは脱法的サービス提供であったりもするが、一面では人の充実感や社会の潤滑油としての機能もある。歓楽街にヤクザが事務所を構えることが不良外国人グループをおさえるなど治安、秩序の維持に寄与してきたことは、警察でも認めている（日本有数の繁華街である歌舞伎町から、アフリカ系不良グループを追放した関東組織などその一例である）。

仮にすべてのヤクザ組織が消滅してもヤクザが扱ってきた違法なサービス提供には恒常的な需要があるものなので、半グレなどヤクザに代わる勢力が出現するだけだ。

日本では、ワルの頂点はヤクザと決まっていたものだが、ワルの純血種であるヤクザが衰退の兆しをみせると、半グレや外国人組織犯罪という新種が勢いをえた。これ以上ヤクザに対する権力の圧力が続けば歓楽街の勢力地図が塗り替わるのが確実な情勢だ。大阪・ミナミなどでは半グレの台頭が著しく既存のヤクザは押されている。

半グレの発祥は暴走族OBや中国残留孤児の二、三世不良グループと言われるが、大阪・ミナミでは格闘技仲間のグループなどが見られる。彼らのシノギは振り込め詐欺、ヤミ金融、貧困ビジネス、AV女優スカウト、芸能プロダクション経営、出会い系サイトやガールズバーなどぼったくり店の経営、そしてクラブの用心棒、ネットカジノ店へのアヤつけなどである。

昔ならカタギが店からみかじめをとっているのを発見したらヤクザは只では済まさなかった。歓楽街のシマを荒らされてはカタギになめられることになる。ところが今では、何がしかの金を上納させるのが関の山だ。喧嘩抗争、殺傷沙汰を起こせば警察はヤクザの方を徹底的に検挙する。平成二五年警察庁は半グレを「準暴力団」と位置付け、大阪府警も半グレ一掃に動きだしてはいるが、効果は上がっていない。

暴力団の非合法化を主張する溝口敦氏も「彼ら（半グレ）が一般庶民を苦しめることは暴力団が行う行為に匹敵するか、それをも超えている」と述べている。

皮肉を承知で言えば、新種駆除のため純血種であるヤクザの存在価値を見直し、保護、育成したほうがよいのではないか。邪の道は、という論法である。

それはともかく、公然としたヤクザ組織が絶滅した先に、新しく誕生する組織は犯罪を目的としてゆるやかに連携する集団となるが、全容を把握することがきわめて困難であり、暴対法も暴排条例も適用されず、暴力団に張り巡らされたさまざまな社会的規制からも自由だ。ヤクザに代わって台頭する地下結社が登場して勢力争いを繰り広げるまではたしかに暴力沙汰へ減り、治安は一時的に回復するだろうが、ヤクザが消えて強固な地下組織が育つまで二〇年程度はかかるだろう。それまでは警察にも捕捉されない小集団がまちまちに違法なことをする時代になる。

令和元年七月にNHKで放映された「半グレ　反社会勢力の実像」というドキュメンタリー番組の中のインタビューで、半グレの男が「ヤクザは窮屈、カードは作れない、マンションも借りられない、会社も作れない。やってられない」と言っていた。

そんな半グレをヤクザ組織が吸収することになるのかというと、現状では厳しい。改正暴対法や共謀罪成立以前から組長の教唆、共謀共同正犯事案が広く推認されてきたヤクザは警察・司法権力にがんじがらめにされて身動きが取れず、体力を著しく減退させている。GHQに弾圧されたヤクザやテキヤを尻目に愚連隊が跋扈した敗戦後の状況と類似している。

インタビューで半グレの男が言ったように、彼らには盃に縛られ、当局からもつけ狙われるヤクザという生き方がナンセンスと思われて、それでもいくばくかの地代を払うのは歓楽街の先輩という点と、組織化されているだけに邪険にすると面倒だからというにすぎない。心配なのはシノギの接点を持つことで、ヤクザ（特に準構成員）の側も「金になればなんでもあり」と半グレ気風に染まっていくことである。カタギを泣かさないという最低限の建前すら、喰いつなぐためにかなぐり捨てられることにならないか。それは自らの首を絞めることと同義だ。

ヤクザに対する逆風が一体いつまで続くのか予想しにくいが、歴史にその答えを求めてみよう。古くは明治時代、博徒が社会の安定とともに増え続けたが、明治一七年、自由民権運動激化と博徒の結合を恐れた政府は、太政官第一号布告賭博犯処分規則を施行しヤクザの大刈込みを実施した。だが、刈込みによって下火になったヤクザは日清・日露戦争の好景気により息を吹き返し、今度は賭博のみならず土建業、炭鉱、興行界への進出を伴う実業系ヤクザとして隆盛を極めていく。

大正から昭和にかけてはヤクザが国家権力の手先となる動きなどが起こり、終戦後は戦勝国民と称する旧台湾省民、朝鮮半島出身のアウトローから街の治安を守った。大規模な検挙が展開されるのは昭和三九年から始まった第一次頂上作戦があまりに有名だ。日本の警察始まって以来の暴力団大壊滅作戦だった。成果は二年足らずの間に逮捕者延べ一七万人、解散、離散団体七〇〇団体と暴力団に決定的打撃を与えた。

大切なのは何故こんな大規模な壊滅作戦が行われたかである。この時のヤクザ人口は実に一八万六〇〇〇人と史上最大規模に膨れ上がっており、繁華街などでは胸に代紋のバッジをつけたヤクザが我が物顔で闊歩していた。当局がヤクザ壊滅に乗り出したのは田岡親分が全国制覇を目指して日本中を抗争の渦に巻き込んでいったことが大きい。つまりオールジャパン警察が暴力団退治に乗り出すのはヤクザ人口が極端に増えた時、そしてヤクザ抗争が放置できない時だった。

現在の暴対法、暴排条例による極端なヤクザへの締め付けは、バブル景気時代の民間経済への暴力団の進出、三大組織による寡占化、銃器使用の抗争で民間人が巻き添え射殺されたことなどを背景としてあげられるが、ヤクザはすでに民暴分野から撤退を余儀なくされており、威圧、強要タイプのシノギが傍流となっているため、代紋で市民を怖がらせる必要もない。構成員の数は減りに減って絶滅危惧種扱いをうける始末で、さらにヤクザを追いつめるため、これ以上社会がエネルギーを費すことにどれだけの意味があるのだろうか。形式的に組から処分され離れたことにして経済活動を行う準構成員や、そもそも盃を受けない隠れ組員の増加に伴う潜在化が指摘されて久しいが、暴力団の社会からの追放を掲げる警察にしてもヤクザ組織を壊滅させ、地下に沈めることが得策でないと考えている節もある。問題は一般国民からの逆風だが、私生活でヤクザ色を消して頭を低くして暮らせば息をする居場所もみつかるのではないか。

田岡親分は自伝でこう言っている。

「私の使命は手に負えぬ荒くれ者を真人間にして、手に職をつけさせ、世間並の人間にしたいということにつきる」

司組長も前出のインタビューでこう言っている。

「ヤクザや予備軍が生まれるのは社会的な理由がある……そういう人間を一つの枠で固めているから犯罪が起きにくいという一面もある。矛盾しているように聞こえるかもしれないし、なかなか信じてもらえないだろうが、俺は暴力団を無くすために山口組を守りたいと考えている」

組織がはみ出し者を束ねて、その暴走を食い止めているのは事実だと思う。大正六年に神戸港の荒くれ労働者たちを束ねる人夫供給業として創立された山口組がその後百年あまりも存続してきたのは、そうした社会的意義なくしては考えられない。バブル期に変質したヤクザも「親が子を人並みに食べさせる」という本分はかろうじて保っていたのだが、暴排社会でカタギとの接点を絶ち切られた令和の親分衆にそれだけの余力は残されていない。喰いつめたあぶれ者を差別なく受け入れ自活させるという任侠の根幹が大きく揺らいでいる。

前に触れたが、抗争で傘下組員の起こした殺人事件を教唆したとして無期懲役刑に服している小西一家の落合勇治総長は刑の確定前に拘置所で面会した私にこういっていた。

「自分の人生はもうありませんが、死ぬその日まで山口組の一員としてプライドを持って裁判に臨みます。山口組の誇りを汚す所作は絶対にしません。どうか皆さんにお伝えください」

二度と社会復帰が望めぬ落合さんにとって山口組直参であることがどれほど心の支えになっているだろうか。山口組が百年にわたって社会に存続することを許されてきたのはその社会で何らかの役割を担ってきたからであるが、「山菱」の代紋に支えられた組員の精神性もその要因のひとつであるはずだ。

山口組にとって、いやヤクザにとって絶頂と凋落を身をもって刻んだ平成の時代が終わり、新時代が幕を開けた。組織の存在意義は社会のシステムから脱落した落伍者を受け入れて、生きていく誇りを持たせ、人並みの生活をさせてやることだと今でも私は思っている。山口組が行き場を失ったはぐれ者の受け皿としての自覚を失わないでいてほしいと願っている。

あとがき

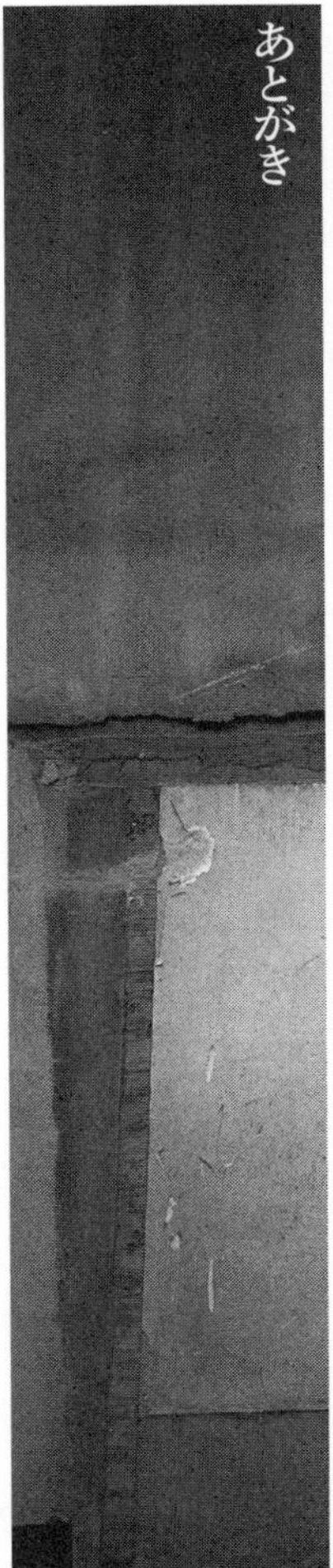

本書を読んで頂くとわかる通り、ヤクザは平成を終えたいま未曾有の危機に瀕している。ヤクザではほとんど食っていけないし、通常の「人並み」の社会生活が送れない。人権は無いに等しく、絶滅まであと一歩の崖っぷちに追い詰められている。暴力団排除（暴排）の機運がこの先も続くなら日本ヤクザは遂に終焉の時を迎えるだろう。そして新しい犯罪組織の萌芽へと時代は移っていく。

そもそも公然たる暴力団という日本ヤクザ独特の在り方がおかしかったのだろうか。公然性はヤクザにある種の名誉と、上昇志向のフィールドを提供し、警察には検挙し易い利便性を与えてきた。考えてみればそれはもたれ合いの安易な関係だったのかもしれない。

ただヤクザ組織が無くなれば犯罪が無くなるというような考えは夢想に過ぎないとは言っておきたい。ヤクザをやめれば離脱者が正業に就くというのも誤りである。そんな安易なことではない。

現在、山口組は三つに割れて憎しみを募らせながら消耗戦を続けているが、背後を見上げれば飲み込まれそうな暴排の大暗雲の下で争っているようなものだ。いかにも小さく、かつ無駄な争いである。裁判所のいう「ヤクザの抗争は事業」という考え方もまた暴排の大嵐の下では通用しない。殺傷沙汰を重ねて代紋を恐怖の色に染め上げても、カタギから仕事の依頼がなければ宝の持ち腐れである。少なくとも今日の抗争は、ヤクザ業界における威信の保持にはなっても組織の存亡に害あって利無しに違いなく、対立当事者の大多数の傘下組員にもメリットがほとんどない。

著名人、芸能人からならともかく、一般市民からさえヤクザを害虫のように毛嫌いされるようになったら将来の展望は無い。威圧、強要・恐喝など、代紋の威力をかざして行うゴリ押し系のシノギは暴排機運の中では先細りになる一方であり、詐欺、窃盗・強盗、麻薬といった代紋に関係ないシノギが主流となっていくが、それはヤクザ本来のあり方とは別物だ。

私はヤクザが格好いいとか任侠の徒だとか思っているのではないし、必要悪だと思っているわけでもない。お金儲けをしているときのヤクザはやはり「大いに問題あり」のことをしている。それでもヤクザの肩を持つようなことをしてきたのは、彼らの生い立ちのハンディに、私の両親の不遇だった境遇とを重ねてしまうところがあったのかもしれない。

いまヤクザにとって一番の課題はこの暴力団排除の環境をどう生き抜くかだろう。そのためにはヤクザが「天国と地獄」を味わった平成という時代を振り返り、世間や警察に嫌われないですむ生き方を模索しなければならない。警察庁発表ではヤクザ人口（構成員と準構成員等）は平成二〇年の八万二六〇〇人から平成三〇年には三万五〇〇〇人まで減っているのだから何らかの道を見つけて欲しい。

山口組に関する書物は数多く出版されており、いまさら私が書くこともないかと思いながらも、山口組を身近に見てきた私には、それらの書物のなかにはしっくりこない記述もありモヤモヤとしていた。そんな私の背中を押してくれたのがフリーライターの山田英生さんで、彼には企画から本文の内容に関することまで多くの助言、ご指導を頂いた。最後に謝意を表したい。

山之内幸夫

企画編集協力・山田英生
第三部扉写真・貴志洋介

ちくま新書
1472

山口組《やまぐちぐみ》の平成史《へいせいし》

二〇二〇年一月一〇日　第一刷発行

著　者　山之内幸夫（やまのうち・ゆきお）
発行者　喜入冬子
発行所　株式会社　筑摩書房
東京都台東区蔵前二-五-三　郵便番号一一一-八七五五
電話番号〇三-五六八七-二六〇一（代表）
装幀者　間村俊一
印刷・製本　三松堂印刷　株式会社

ISBN978-4-480-07277-1 C0236

ちくま新書

702
ヤクザと日本
――近代の無頼
宮崎学
下層社会の人々が生きんがために集まり生じた近代ヤクザ。格差と貧困が社会に亀裂を走らせているいま、ヤクザの歴史が教えるものとは？

1028
関東連合
――六本木アウトローの正体
久田将義
東京六本木で事件が起こるたび囁かれる「関東連合」。彼らはいったい何者なのか。その成り立ちから人脈まで、まったく新しい反社会的ネットワークの正体に迫る。

1108
老人喰い
――高齢者を狙う詐欺の正体
鈴木大介
オレオレ詐欺、騙り調査、やられ名簿……。平均貯蓄額2000万円の高齢者を狙った、「老人喰い＝特殊詐欺犯罪」の知られざる正体に迫る！

1190
ふしぎな部落問題
角岡伸彦
もはや差別だけでは語りきれない。部落を特定する膨大なネット情報、過敏になりすぎる運動体、同和対策事業の死角。様々なねじれが発生する共同体の未来を探る。

1371
アンダークラス
――新たな下層階級の出現
橋本健二
就業人口の15％が平均年収186万円。この階級の人々はどのように生きているのか？　若年・中年、女性、高齢者とケースにあわせ、その実態を明らかにする。

1360
「身体を売る彼女たち」の事情
――自立と依存の性風俗
坂爪真吾
なぜ彼女たちはデリヘルやJKリフレで働くのか？　そこまでお金が必要なのか？　一度入ると抜け出しにくいグレーな業界の生の声を集め、構造を解き明かす！

1253
ドキュメント　日本会議
藤生明
国内最大の右派・保守運動と言われる「日本会議」。改憲勢力の枢要な位置を占め、国政にも関与してきた。謎めいたこの組織を徹底取材、その実像に鋭く迫る！